友だちってなんだろう?

ひとりになる勇気、人とつながる力

齋藤 孝
Takashi Saito

誠文堂新光社

はじめに

この本は、**友だちに関する不安や悩《なや》みを減《へ》らし、ストレスのない友だち関係を築《きず》けるようになるための**本です。

大人の方が読んでくださってもいいですが、とくに友だちの悩《なや》みが多くなる中学生・高校生世代に読んでほしいと考え、10代を強く意識《いしき》した内容《ないよう》になっています。

ぼくがこの本で強く伝えたいのは、**「複雑《ふくざつ》に思える『友だち問題』も、一歩離《はな》れて見るとじつはシンプルだ」**ということです。

何か悩《なや》みをかかえていると、いま起きていることが「人生のすべてを左右する大問題」のように思えてしまうものです。

友だちとの関係でうまくいかないことがあると、自分が世の中から否定《ひてい》されてしまったような気持ちになったり、だれからも好かれない人間だというような気がしたりしてしまう。

しかし、実際《じっさい》にはそんなことはありません。

友だちも自分を取りまく種々《しゅじゅ》の人間関係の一部であり、そのつながりにちょっと変動があっても、人生を脅《おびや》かすような問題にはなりません。

目先の問題にとらわれ、近視眼的《きんしがんてき》になってしまう状況《じょうきょう》から抜《ぬ》け出すには、不安のないおだやかな心が必要です。

おだやかな心というのは、じつは「頭の整理力」と深く関係しています。

複雑《ふくざつ》に思える事柄《ことがら》を整理し、冷静にものごとをとらえられるようになると、むやみに不安に襲《おそ》われないようになるからです。

頭をクリアに保《たも》つ、そのひとつが言葉の意味をしっかりつかむことです。

ものごとは、言葉の定義《ていぎ》がはっきりすると、頭が整理されてことの本質《ほんしつ》が見えや

すくなります。

「友だちとはなんだろう？」という命題に対して、ぼくはこんな定義《ていぎ》づけをすることを提案《ていあん》したいと思います。

「友だちとは、一緒《いっしょ》にいて楽しくて、笑顔《えがお》になれる、元気になれる存在《そんざい》である」

楽しくつきあえて、明るい気持ちや希望を与《あた》えてくれる。

友だちというのは、これだけで十分なんじゃないでしょうか。

そんなに仲がいいわけでもない、実際《じっさい》あまり楽しくないし、笑顔《えがお》にもなれない相手と、無理してつながりつづけようとするから、悩《なや》んだり、苦しんだりするのです。

それはつながりではなく、「しがらみ」です。心にまとわりついて、きみの自由な行動を邪魔《じゃま》するもの。

笑顔になれないような関係の友だちがたくさんいても、それは幸せな友だち関係ではありません。

つながっていても不安、つながっていてもさびしいのは、かたちばかりのつながりをもとうとしているから。自分自身、本当はそのことに気づいているのです。頭を整理して、友だち関係の本質《ほんしつ》を見つめなおしてみると、「友だち」という名の呪縛《じゅばく》から解《と》き放たれることができるようになります。

この本では、「友だちとは何か?」「どうすればよい友だち関係を築《きず》けるか?」「友だち関係の本質《ほんしつ》とは?」という視点《してん》から、友だちについて考えなおすためのヒントをいろいろ話していきます。

新型コロナウイルス問題で、人との接《せっ》し方にも新たな工夫が必要になりました。それを踏《ふ》まえ、巻末《かんまつ》にはこのソーシャル・ディスタンスな時代を乗りきる「心の距《きょ》離《り》の縮《ちぢ》め方」も紹介《しょうかい》することにしました。

だれとでも友だちであろうとしなくていいのです。

楽しくて、笑顔《えがお》になれる関係の人とだけ、友だちになればいい。

ただし、それ以外の人とも、いがみ合わず、傷《きず》つけ合わずに共存《きょうぞん》していけるよう、人づきあいのスキルをみがくのです。

これは、**友だちに対する意識改革《いしきかいかく》のすすめ**です。

さあ、頭もすっきり、心もすっきりと大人の人間関係力を身につけて、人生の幸福度を上げていきましょう。

目次

第2章

気の合う友だちは「好きなもの」つながりでできていく

第3章

「ひとりになる勇気」をもつにはどうすればいい？

第4章

友だちが離《はな》れてしまう理由、気づいてる？

第5章

「ノー！」と言わなきゃいけない関係もある

第6章

友だちってやっぱりいいものだ！

付録

「心の距離《きょり》」を縮《ちぢ》めるための7つの作法

第1章

「友だち」ってなんだろう？

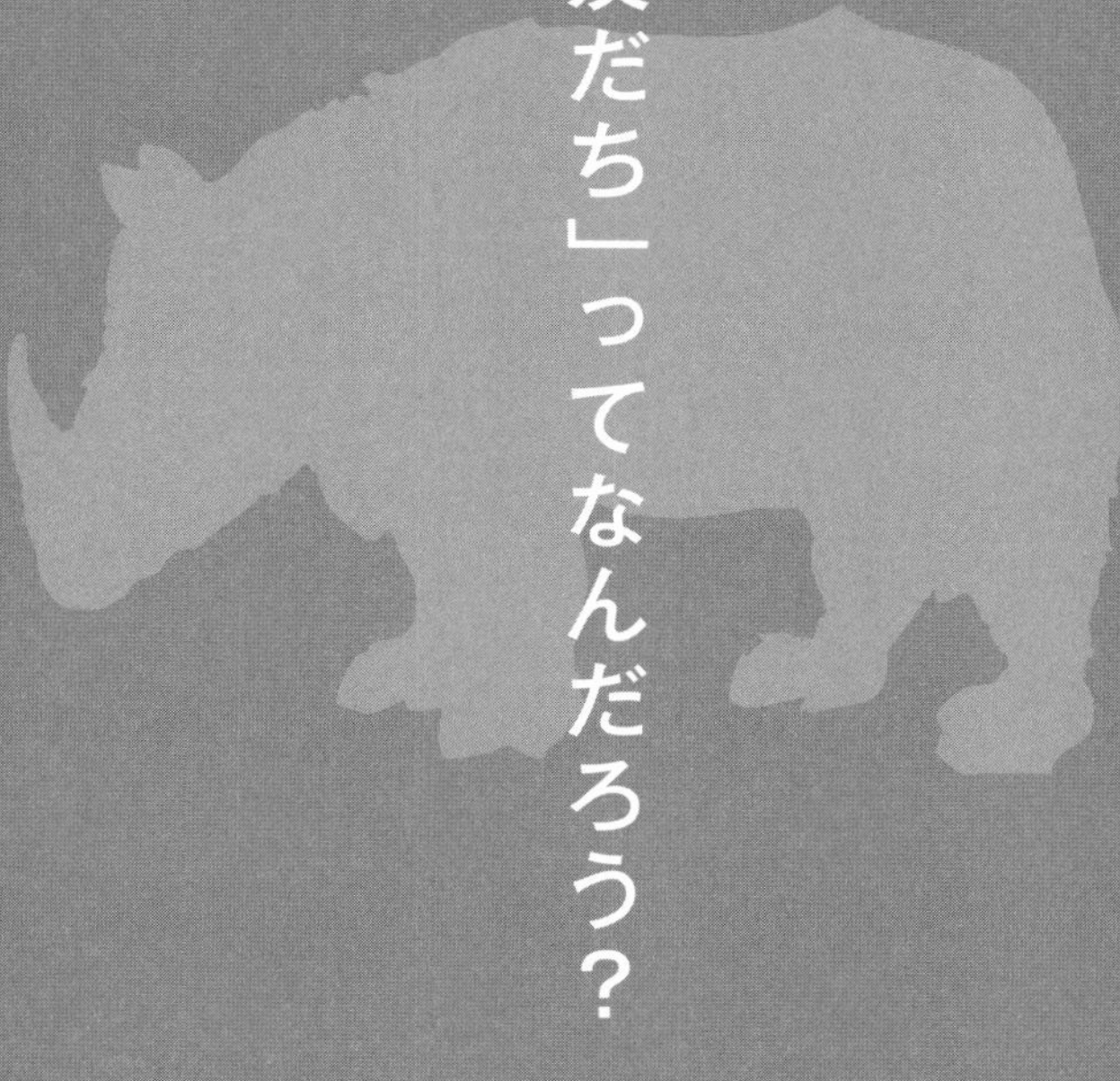

友だちはどうして必要？

きみたちに聞きます。

「友だちって必要ですか？」

「あたりまえじゃないですか！」

「友だちがいなかったら、さびしい」

という声があちこちから聞こえてきそうですね。

では、もうひとつ聞きます。

「どうして友だちが必要なんですか？」

「人間はひとりでは生きていけないから」

「支《ささ》え合ったり、助け合ったりするため」

ひょっとしたら、「そんなこと考えたことない……」という人もいるかもしれない。

ぼくはこう考えています。

友だちが必要かどうかは、人生の時期、年齢《ねんれい》によっても違《ちが》うし、人によっても違《ちが》う。大人になったら、友だちよりも、仕事とか、恋人《こいびと》とか、家族とかのほうがより大切に思える時期が来るし、「自分には友だちはいらない」と考える人も増《ふ》える。だけど、子ども時代、そして**中学生から高校生にかけての時期には、友だちは必要。**

どうしてか。

「友だちが必要」というよりも、「友だちをつくろうとする行為《こうい》、行動」が必要だから。

きみたちも感じているだろうけど、友だちづきあいって楽しいことばかりじゃないです。

面倒《めんどう》くさいと思うこともある、イヤなことも起きる。

そういうなかで、**自分以外のほかの人とどうやって関係を結び、どうやって共存《きょうぞん》していくか、工夫や努力をする――そういう行動スタイルを学習することが必要な**んです。

友だちづきあいを通じて、社会を生き抜《ぬ》いていくために身につけておきたい人間関係の練習をしているのです。

友だちづきあいって、なぜうまくいかないのかな？

どうして中学生ぐらいになると、友だちの悩《なや》みが増《ふ》えるのでしょう？

それは、きみたちが成長して、「もう子どもではなくなった」ことにあります。

からだの成長だけでなく、脳《のう》もどんどん成長して考える力がつき、人との関係性《かんけいせい》が変わってくるんですね。

まず、**子ども時代のように簡単《かんたん》に友だちになれなくなる**。

幼《おさな》い子どもは、だれとでもすぐに友だちになれてしまいます。一緒《いっしょ》に遊べたら、もう友だち。

小学生も低学年のうちはまだそういう時期なので、ちょっと話すきっかけがあるだけで簡単《かんたん》に仲よくなれます。

友だちのハードルがすごく低い。

ぼくが小学校に入って最初に友だちになった子は、スズキくんといいました。

仲よくなった理由はとても単純《たんじゅん》。席が名簿順《めいぼじゅん》に並《なら》んでいて、サイトウ、スズキで席が前と後ろだったから。

毎日一緒《いっしょ》に帰り、お互《たが》いの誕生会《たんじょうかい》にも呼《よ》び合うようになりました。

小学生のころというのは、ちょっとしたきっかけで、どんどん友だちになれる。

ぼくもたくさん友だちがいました。

みんなも、小学生の低学年のころには「友だち」と言える子がけっこうたくさんいたんじゃないかなあ。


ところが、脳《のう》の成長によって10歳《さい》ぐらいから自我《じが》、自意識《じいしき》が発達してきて、「自己《じこ》」と「他者」という認識《にんしき》が強くなってきます。

「自分ってなんだろう」と考え、性格《せいかく》とか容姿《ようし》とかを気にするようになる。

「ほかの人の目」を強く意識《いしき》するようにもなり、「自分がどう見られているのか」に過敏《かびん》になります。

周囲の人の目が気になって仕方なくなる。

他人と自分をくらべるようにもなり、人をうらやむ気持ちやねたむ気持ち、自分のほうが優位《ゆうい》だとアピールしたい気持ちといったものもわいてきます。

複雑《ふくざつ》な感情《かんじょう》がまざり合い、友だちづきあいも単純《たんじゅん》ではなくなってくるのです。

友だちに求めるものも変わります。

話が合うかとか、共感できるかとか、内面的なものを求めるようになります。

興味《きょうみ》のあることや好きなことについて、共感しあえる友だちがいると、すごく楽しい。いくらでも話していられるよね。

ぼくも中学生のころ、学校でたっぷり話しているのにまだ話したくて、学校帰りに延々《えんえん》と立ち話をしていた記憶《きおく》があります。

悩《なや》みなんかも友だちに聞いてもらいたい。

小学生のころは、何か困《こま》ったことがあると親に話します。

しかし、中学生ともなると、自分のことを親に話すのはわずらわしいとか、親には話しにくい、と思うようになります。

とくに好きな異性《いせい》のこと、性的《せいてき》なことなんかは、親には知られたくない。

自分のことを話して、気持ちを共有してほしいのは、同性《どうせい》の気の合う友だち。

そういう友だちがほしい。

だけど、気持ちの通じ合う友だちって、そんなに簡単《かんたん》にはできないわけです。

大人のつきあい方にみんなまだ不慣《ふな》れ

きみにはきみのいろいろな思い、感情《かんじょう》があるように、相手にもみんなそれぞれの思いがあり、感情《かんじょう》がある。

人は自分の思いどおりのことはしてくれません。

SNS《エスエヌエス》で既読《きどく》になっているのに、返信がなかなか来ない。「どうしてなんだろう?」とイライラしたり、不安になったりする。

仲よしの親友だと思っていた相手がいきなり冷たくなり、自分の代わりに別の子と仲よくしているのを見て、さびしくなる。

グループで一緒《いっしょ》に遊びに行くときに一度行かなかったら、それから仲間はずれにされるようになっちゃった。用事があって行けないってちゃんと伝えたのに。ちょっとしたことで気持ちの行き違《ちが》いが起きてしまう。心がザラつくようなことが起きる。

そういう状況《じょうきょう》のなかで、自分の心をどうやって落ちつかせたらいいかわからない。**大人の世界に足を踏《ふ》み出したものの、みんなまだこの道の「初心者」**です。

自己《じこ》と他者とのはざまで、どうするのがいいのか。

人とのつきあい方にみんな未熟《みじゅく》なんです。

未熟《みじゅく》な者同士が、不安定に揺《ゆ》れるそのときどきの感情《かんじょう》を、そのまま相手にぶつけてしまうから、すぐ摩擦《まさつ》が起きる。

未熟《みじゅく》だから、相手の気持ちを考えられずに、不用意に傷《きず》つけてしまったりもする。不慣《ふな》れな者同士だから、うまくいかないことも多いのです。

不《ふ》慣《な》れというのは、経験値《けいけんち》を積めばどんどん熟練《じゅくれん》していきます。

スマートフォンやパソコン、ゲーム機の操作《そうさ》だって、楽器だって、初心者はみんな未熟《みじゅく》ですが、ずっとさわっていると、慣《な》れて熟練《じゅくれん》していくでしょう？

いろいろ工夫していると、慣《な》れてうまくなっていく。

友だちづきあい、人づきあいも同じです。

初心者がいちばんやってはいけないこと、それは「失敗するのがイヤだから」と怖《こわ》がって、慣《な》れようという気持ちを失ってしまうことです。

経験《けいけん》を積まなければ、慣《な》れない。いつまでたっても未熟《みじゅく》のままです。

未熟《みじゅく》でなくなるためには、不慣《ふな》れな状況《じょうきょう》から早く脱却《だっきゃく》するしかないんですね。

まわりもみんな同じように初心者でいるあいだに、どんどん練習して習熟《しゅうじゅく》しておいたほうがいいんですよ。

大人になって、まわりはみんな大人の作法でコミュニケーションができるのに、ひとりだけ未熟《みじゅく》なことをしていたら、嫌《きら》われますから。

人は「いままでいったい何していたの？」とははっきり言いませんけどね。

友だちとのあいだに不愉快《ふゆかい》なできごとが起きたら、
「経験値《けいけんち》を上げるためのチャンスが来た！」
「これ、うまく乗り越《こ》えたらボーナスポイントつくんじゃない？」
という感じで、あえて軽い感じでとらえるようにしてみたらどうかな？

深刻《しんこく》に悩《なや》みすぎないほうがいいんです。

相手も未熟《みじゅく》だからやってしまっていることですから。

経験値《けいけんち》が増《ふ》えると、ショックを受けたりすることが減《へ》ります。

「ああ、こういうこともあるよね」
と思えるようになります。

「こういうときは、こう対処《たいしょ》するといい」ということもわかるようになります。

人間関係の基礎力《きそりょく》がアップして、自分自身がラクになれます。

もちろん、悪質《あくしつ》ないじめのようなケースはまた別で、そういう場合は第三者の大人に助けてもらいながら対処《たいしょ》すべきです。

自分の課題、他人の課題を区別する

「深刻《しんこく》に悩《なや》みすぎるなと言われても、やっぱり気になっちゃうんです」

という人にお勧《すす》めしたいのが、心理学者アドラーの考え方です。

『嫌《きら》われる勇気』（岸見《きしみ》一郎《いちろう》・古賀《こが》史健《ふみたけ》　ダイヤモンド社）という本がベストセラーになりましたが、あの本はアドラーの思想を、対話形式の物語に仕立てたものでした。

専門書《せんもんしょ》というのは、対話形式にすると具体的でわかりやすくなるのです。

アドラーはこんなことを言っています。

「あらゆる対人関係のトラブルは、他者の課題に土足で踏《ふ》み込《こ》むこと――あるいは自分の課題に土足で踏《ふ》み込《こ》まれること――によって引き起こされる」

「他者の課題」とは、その人の問題であり、ほかの人がどうこうできないもの。

「自分の課題」とは、自分で工夫したり努力したりすることで、解決《かいけつ》していくことができるもの。

そこをしっかり切り分けて考えなさい、とアドラーは言い、これを「**課題の分《ぶん》離《り》**」と名づけています。

自分でコントロールできることとできないことを分けて、コントロールできないことには悩《なや》まない。これがコツです。

たとえば、何も変わったことはしていないのに、仲よくしていた友だちが急に冷たくなったという場合。

態度《たいど》を変えたのは、相手です。これは「他者の課題」であって、いくら「わたしがなにか悪いことをした?」「どこがいけなかったんだろう?」と悩《なや》んでも、どうすることもできないことです。

だから、「それはわたしがどうできることではない」と考えるべきです。**きみが考えるべきことは、この状況《じょうきょう》に対して「自分はどうするか」**ということです。「自分の課題」として何ができるかを考えてみる。

少し距離《きょり》をおいて、様子を見るというやり方もあるでしょう。

相手の態度《たいど》は冷たくなったけれども、自分にとって大事な友だちであることは変わらないから、「いままでどおり明るく『おはよう』ってあいさつしよう、無視《むし》されてもいいから」という考え方もあるかもしれません。

または、その人だけにこだわるのでなく、ほかの友だちともっと話すようにしてみよう、という考え方もあります。

きみは**きみ自身の課題として、何をしようか考えて、それに集中すればいい**んです。

そうしたら、状況《じょうきょう》は必ず変わってきます。

仲直りができるかもしれない。新しい友だちができるかもしれない。

自分の課題のことだけを考え、行動する。「自分はどうしたいのか」という考えをもつことが大事なのです。

「みんな友だち」「みんな仲よく」でなくていい

「みんなお友だちです」

「みんな仲よくしましょう」

子どものころから、よく親や先生にこう教えられてきませんでしたか？

幼《おさな》い子どもたちに、

「差別をせず、だれとでも分けへだてせずに仲よくつきあいましょう」

ということを教えるために、こういう言葉が使われてきました。

他者性《たしゃせい》や自立性《じりつせい》というものがまだ芽生えていない子どもたちは、こう言われたら素直《すなお》に、「みんなと仲よくしよう」「友だちになろう」と努力できるのです。

しかし中学生くらいになると、そう単純《たんじゅん》にはいきません。

「同級生を全員、『友だち』だと思って仲よくつきあいなさい」

と言われても、正直、無理ですよね。

「みんな仲よく」がむずかしいことであることを、それぞれが実感しています。

もう子どもではないのですから、大人の仲間入りを始めているのですから、**いつまでも小さな子たちと同じように、「みんな仲よく」「みんな友だち」という言葉、概念《がいねん》にとらわれなくていい**、ぼくはそう思っています。

「みんな友だち」じゃなくていいんです。

一緒《いっしょ》にいて楽しい人、気持ちの通じ合う人が「友だち」。

ただし、**友だちになれそうにない人とも、傷《きず》つけあわずにおだやかな関係を築《きず》いていくことを心がける。**

つまり、**「気の合う友だちをつくる」**力と、**「気の合わない相手ともうまくつきあう」**力、**二段《にだん》がまえで考える。**

中学生になったら、こんなふうに意識《いしき》を切り替《か》えたほうがいいんじゃないか、と思うのです。

社会学者の菅野仁《かんのひとし》さんが書いた『友だち幻想《げんそう》——人と人の〈つながり〉を考える』（ちくまプリマー新書）という本があります。

10年以上前に出版《しゅっぱん》されたものですが、又吉直樹《またよしなおき》さんがテレビ番組で紹介《しょうかい》したことで反響《はんきょう》を呼《よ》び、再《ふたた》び脚光《きゃっこう》を浴びて、多くの人に読まれています。

著者《ちょしゃ》の菅野《かんの》さんは残念ながら2016年に亡《な》くなってしまいましたが、10代の友だち関係の周辺に漂《ただよ》うモヤモヤの正体をていねいにすくい取った良書です。

この本のなかで菅野《かんの》さんは、「誰《だれ》でも友だちになれて、誰《だれ》でも仲良くなれる」というのは幻想《げんそう》だ、と書いています。

この考え方にぼくも同感です。

だれとでも友だちになんかなれない。

それでいいんです。

友だちの「多さ」は意味がない

最近の傾向《けいこう》として、**「友だち」という言葉がちょっと美化されすぎ、重みをもちすぎではないか**、という気がします。

「友だちはいいもの」「友情《ゆうじょう》はすばらしいもの」という方向に針《はり》が振《ふ》れすぎていて、みんなそのイメージに振《ふ》りまわされているところがあるんじゃないかと思うんです。

たとえば、「友だちは多いほうがいい」というような雰囲気《ふんいき》が世の中にありますが、「この風潮《ふうちょう》は危険《きけん》だなあ」とぼくは思っています。

友だちの「数」をみんなが意識《いしき》するようになったのは、ネットの影響《えいきょう》です。SNS《エスエヌエス》での人とのつながりが「友だち」と名づけられ、つながっている人数が数字としてはっきり見えるようになった。

その数が多いと、「すごい」と賞賛《しょうさん》されるようになった。

しかし、**数の多さは、友だち関係の豊《ゆた》かさを示《しめ》すものではありません。**

そもそも、「申請《しんせい》して、承認《しょうにん》されたら友だち」って、実際にはありえないでしょう。イヤだと思ったら、ボタン操作《そうさ》ひとつで一方的に関係を絶《た》ち切ることもできるのも、ドライすぎる。

ときには、本当の名前も知らない、本当はどういう人なのかわからない相手が友だちになっていることもありますね。それで、未成年者が危険《きけん》な目にあうようなこともいろいろ起きています。

「友だちの友だち」は、友だち？

いやいや、そんなことはありません。

「友だちの友だち」は、他人です。

言葉の響《ひび》きのよさにごまかされてはいけません。

本当にいろいろな人から好かれ、慕《した》われ、友だちが多い人は、自分の友だちの人数を誇《ほこ》らしげに自慢《じまん》するようなことはしません。

大事なのは友だちの多さじゃないんです。

どれだけいい関係が結べているかです。

「親友」という言葉も、やたらと重みをもちすぎてしまっています。

これもなかなか危険《きけん》な言葉です。

親友とは何か、どこからが親友なのかと問われても、だれも答えられない。感覚的なものでしかない。

それでも、「親友はいいもの、すばらしいもの」のように思っている人が多くて、「親友がいない」と言うと、大事なことを語り合える友だちのいない人なんだ、人間的にちょっと問題があるんじゃないだろうか、というような感じになってしまいます。

「親友だと思っていたのに裏切《うらぎ》られた」

という話もよく聞きますが、親友だと思っているから、友だちのなかでも特別な位置づけだという思いがあるから、気持ちのすれ違《ちが》いによけいに深く傷《きず》つき、許《ゆる》せないと思ってしまうわけですね。

それだったら、最初から親友だなんて思わないでいたほうが幸せというものです。親友がいなければいけないと思い込《こ》むのも、よくないんです。

楽しくて、笑顔《えがお》になれる、元気になれる——それが友だち

「友だち」という言葉のまわりにある漠然《ばくぜん》としたイメージに、まどわされないではしいと思います。

「友だちは多いほうがいい」と思い込《こ》んでしまうと、「友だちが多いことはうらやましい」ことになりますし、「友だちが少ないと恥《は》ずかしい」ことになってしまいます。

さらには、「友だちがいないとみじめ」「友だちがいないなんて人に知られたくない」ということになっていってしまいます。

これでは、「友だちがいないこと」「いつもひとりでいること」が怖《こわ》くなってしまいますね。

それほど仲のいい友だちでなくても、つながっていたいと考える人が多いのは、こういう発想に毒されてしまっているんじゃないかな。

友だち関係が不安で仕方ない人たちを、ぼくは**「友だちいないと不安だ症候群《しょうこうぐん》」**と呼《よ》んでいます。

友だちがいなくなることを怖《こわ》がり、心配しすぎてしまう「心のクセ」のことです。

友だちいないと不安だ症候群《しょうこうぐん》の人は、

「つながっていないと不安」

「嫌《きら》われたくない」

「ひとりぼっちになってしまうのは怖《こわ》い」

という思いから離《はな》れられません。

だから、SNS《エスエヌエス》を頻繁《ひんぱん》にチェックし、やりとりをしつづける。

グループの一員でありつづけようと、何をするにも、どこに行くにも一緒《いっしょ》に行動しようとする。

でも、それは楽しい友だち関係なのかな？

「友だちはいなくちゃいけないもの」「友だちがいなくなったら、自分は居場所《いばしょ》を失ってしまう」という強迫《きょうはく》観念のようなものに取りつかれて、本来の友だち関係の意味を忘《わす》れてしまっているように見えます。

「友だちとは——一緒《いっしょ》にいて楽しくて、笑顔《えがお》になれる、元気になれる存在《そんざい》」

それだけでいいんじゃないかな？

気楽に、シンプルに、友だちをそう定義《ていぎ》づけてみてはどうでしょう。

一緒《いっしょ》にいて、素直《すなお》に楽しいと思えない相手だったら、笑顔《えがお》になれないような関係だったら、自分のなかの活力がしぼんでしまうような関係だったら、それは友だちじゃないということ。

そういう相手と、無理して友だちでありつづけようとする必要はないということ。べつにその人と縁《えん》を切り、絶交《ぜっこう》しなくていいんですよ。

先ほど、友だちのあり方を二段《にだん》がまえに切り替《か》えてみようという話をしました。

・気持ちの通じ合う相手と、濃《こ》い友だち関係を築《きず》く

・友だちになれそうにない人とも、おだやかな関係を築《きず》く

気の合う友だちとしてつきあうことはできなくても、「知り合い以上友だち未満」くらいの距離感《きょりかん》で、薄《うす》く浅くつきあっていけばいいのです。

つきあい方の濃度《のうど》を変えるだけですが、「友だちでいなきゃいけない」という思い込《こ》みにしばられているときとは気持ちがガラッと変わると思います。

本当に大事なのは「合わない人ともうまくつきあう」力

二段《にだん》がまえの「友だち力《りょく》」。「気の合う友だちをつくる」力《ちから》と、「気の合わない相手ともうまくつきあう」力《ちから》。

じつは、**より大事なのは「合わない人ともうまくつきあう」力のほう**なんです。

これこそ学校生活のなかで身につけるべき能力《のうりょく》です。

きみたちには、教育を受ける権利《けんり》があります。

教育とは、大人になって強く賢《かしこ》く生き抜《ぬ》いていくための力を養うことです。

授業《じゅぎょう》で習う教科だけが勉強ではありません。

人とうまくつきあうことのできる力も、「生きる力」として必要になるものです。

ほかの人といい関係を築《きず》き、協力しあったり、助けてもらったりすれば、生きやすくなります。

そのために、いろいろな人に触《ふ》れ、いろいろな状況《じょうきょう》に直面して、人とのつきあい方の練習を重ねていく。

好きでない人とも、ぶつかりあわず、傷《きず》つけあわず、なごやかに交流し、必要なときは協力しあうことができるようにする練習、それができるのが学校です。

学校は、「人慣《な》れ」の練習場。

人との距離感《きょりかん》や人間関係を勉強するところでもあるのです。

なぜクラス替《が》えがあるのか。

環境《かんきょう》が変わったときに、どうやって新しい環境《かんきょう》になじむか、どうやって新しい友だちをつくっていくか、そういうことの練習をするためです。

人間関係の機微《きび》を経験《けいけん》するための「プチ（小）社会」、学校生活にはそういう意味もあるのです。

なぜ、ぼくが「だれとでもおだやかな関係を築《きず》こう」と強調するのか。

ぼく自身が若《わか》いころ、それで手痛《ていた》い失敗を経験《けいけん》しているからです。

ぼくは高校を卒業するまで、友だちにめぐまれ、友だちづきあいで悩《なや》むことがありませんでした。

育った家は、家族が多いうえに、よく人の出入りするにぎやかな環境《かんきょう》で、つねにいろいろな人に囲まれていました。

ところが、大学受験に失敗して浪人《ろうにん》することになり、東京でひとり暮《ぐ》らしを始めたところ、環境《かんきょう》の激変《げきへん》でノイローゼのようになってしまいました。

そこで、ちょっとこじらせてしまったんですね。

大学に入ってからも、きついことを言って人を批判《ひはん》したり、やりこめてしまうようになってしまったんです。

歯に衣着《きぬき》せず、思ったことをズバズバ言うのが正しいことだと思い込《こ》んでいた。

自分は正直に言っているだけ、悪いことはしていない、むしろ相手に対して誠実《せいじつ》な態度《たいど》をとっているんだと思っていたんです。


その結果、どうなったか。

まわりから人が遠ざかっていきました。

みんなで集まるようなときにも、声をかけてもらえなくなりました。

孤立《こりつ》を深め、だれからも助けてもらえない時代がつづきました。

当時のぼくには、**相手に不愉快《ふゆかい》な思いをさせないことが、人づきあいでは非常《ひじょう》に大切なマナーだ**という意識《いしき》が欠けていました。

正直な意見でも、相手を傷《きず》つけないように、否定《ひてい》しないように配慮《はいりょ》できていたらよかったのでしょうが、それができなかった。

人とうまくつきあう力の欠如《けつじょ》のため、痛恨《つうこん》の20代を経験《けいけん》したのです。

人の気持ちをくみとって、人とおだやかな関係を築《きず》くことが人間関係にはなによりも必要です。

その練習をしておかないと、**自分に返ってきて、つらい思いをすることになるのです。**

「また会いたい」「もっと話したい」人になるために

人と人がどうしてつながっていたいと思うか。

人間関係をシンプルに考えると、そのキモになるのは「もっと話したいかどうか」「もっと一緒《いっしょ》にいたいと思うかどうか」なんですね。

そのためには、**たとえ自分と合わない人とでも、いがみ合わずにつきあえるようにすることがいちばん大事**なのです。

とくに、大人になって仕事がらみで出会った人に、初対面で議論《ぎろん》をふっかけて相手をやりこめてしまったら、その瞬間《しゅんかん》に、「はい、さようなら」です。

「この人と一緒《いっしょ》に仕事をしよう」とも思ってもらえない、「だれかに紹介《しょうかい》してやろう」とも思ってもらえません。

大人になってから求められるコミュニケーション力とは、仲のよい友だちをたくさんつくる能力《のうりょく》ではなく、いろいろな人がいるなかで、**どんな相手ともうまくつきあっていける能力《のうりょく》**です。

人とおだやかにつきあっていくという資質《ししつ》は、一生必要とされます。

仕事関係の人とのつきあいも、恋愛《れんあい》関係も、結婚《けっこん》して家族をもつようになるのも、すべて自分以外の**他者とのかかわり**です。

どんな仕事につき、どういう生き方をするにしても、人とかかわる力は必要になります。

現実《げんじつ》社会では、つきあいにくい人は敬遠《けいえん》されます。

友だち関係も同じです。

「また話したい」と思ってもらえることが大事。

そうでないと、次につながらない。

深い話ができるかとか、打ちとけて話せるかというのは、その先のこと。

「また会いたい」「もっと話したい」と思ってもらえないと、関係が進まないのです。

大事なのは、だれとでもおだやかにつきあう力。このことを忘《わす》れてはいけません。

きみたちには、早くからそのことをしっかり知っておいてほしい。

友だちとは、素《す》の自分をさらけ出してつきあうのではありません。

「どうしたら、一緒《いっしょ》にいたいと思ってもらえるか」を考えて、そういう自分であろうとすることが大切なのです。

いますべてじゃない、友だちとは流動的なもの

友だち関係というのは、**とても流動的**です。

環境《かんきょう》や状況《じょうきょう》が変われば、友だちとの関係も変わります。

「ずっと友だちでいよう」

と言っていても、クラス替《が》えで別々《べつべつ》のクラスになったら、いままでと同じように
は一緒《いっしょ》にいられません。

進学した学校が別々《べつべつ》だったら、会う機会も少なくなります。

それぞれの置かれた環境《かんきょう》のなかで、新しい友だちができるのが自然なこと。

そのときどきで、友だちは変わっていっていいのです。

ぼく自身振《ふ》り返ってみると、中学時代はそれほど親しくなかったけれど、大人に
なってからウマが合い、よく会うようになった友人もいます。

大人になると、どういう仕事をしているか、独身《どくしん》なのか結婚《けっこん》して家族がいるのか
といったことも、友だちになりやすさに影響《えいきょう》してきます。

中高生の時期は、いまの自分にとってどうなのかということに意識《いしき》が集中しがち

ですが、**友だち関係というものは、いまがすべてではありません。**

ですから、いま、友だちとうまくいかなくてつらい思いをかかえている人も、友だちがなかなかできないと悩《なや》んでいる人も、**この状態《じょうたい》が永遠《えいえん》につづくわけではない、ということを心にとめておいてください。**

たとえば、狭《せま》い人間関係のなかで意地悪《いじわる》をしたり、仲間はずれにしたりするというケースは中学生がもっとも多く、高校生になるとグッと減《へ》ります。

大学生になると、受講《じゅこう》科目もそれぞれバラバラですから、つねに同じメンバーで行動するという固着《こちゃく》した友だち関係もなくなっていき、いろいろな人に囲まれるようになります。

環境《かんきょう》が変わるときは、新たな人間関係を築《きず》くチャンスです。

ただ、友だち関係で傷《きず》ついた経験《けいけん》をもつ人は、「人づきあいがうまくできない」「また、イヤな思いをすることになるのではないか」という不安が強く、対人関係に自信をもてなくなってしまうことがあります。

その自信のなさが、ネガティブなものを引き寄《よ》せて、また同じようなことがくり返されてしまいやすくなります。

だから、**人づきあいを自分の弱点にしておかないほうがいい**のです。

自分に自信をもてるようにするにはどうしたらいいのか。

ぼくが勧《すす》めたいのは、「好きなものにハマる」ことです。

自分に自信をつけたかったら「好き」を深めよう

「好きなものにハマる」ことが、どうして自信になり、人づきあいの役に立つのか。

好きなことに熱中しているときは、ひとりでいてもさびしいと感じないものです。

友だちづきあいがうまくいかないことに悩《なや》んでいる人でも、夢中《むちゅう》になって打ち込《こ》めるものがあると、その時間は充実《じゅうじつ》していて楽しいから、不安やさびしさをあまり感じずにいられます。

「友だちいないと不安だ症候群《しょうこうぐん》」になりやすいのは、夢中《むちゅう》になれることをもっていない人、まだ見つけられずにいる人が多いのです。

いまの自分自身の課題は、不安にならない方法を探《さが》すことだと考えて、何かハマれるものを見つけてみる。

たとえば、いいなと思うマンガ。

「この作品、好きかも」と思ったら、その作者の描《か》いたほかのマンガを片《かた》っ端《ぱし》から読んでみるといいですよ。

ある曲を好きになったら、そのミュージシャンの曲をいろいろ聴《き》くようになるでしょう。

それと同じように、**自分の「いいな」「好きかも」という感性《かんせい》にひっかかってきたものを深掘《ふかぼ》りしていく**んです。

すると、

「このミュージシャンがコラボしている人の曲も聴《き》いて、好きになった」

「別の作家のだけど、こういうのも読んでみたくなった」

などと、どんどん世界が広がっていきます。


何かにハマると、それについてもっと見たい、聴《き》きたい、知りたい……と興味《きょうみ》がわいてきて、時間が足りないくらいになります。

ひとりでいてもさびしくないな、全然平気だな、と思えるようになる。

これ、自分というものを確立《かくりつ》していくための大事な一歩なんです。

ひとりの時間を楽しむ力、ひとりでいても平気な力がつく
↓
自己肯定感《じここうていかん》がわいてくる
↓

自分に自信ができる

最初から「好き」というものでなくてもいいんですよ。

前からやってみたいと思っていたことに挑戦《ちょうせん》してみる。

いっそ勉強に集中してみるのもいいかもしれません。勉強することで成績《せいせき》が上がり、自分を肯定《こうてい》することにつながったという人も、けっこういます。

自分のエネルギーと時間を、友だち以外の何かに投入する。

エネルギーを、自分を深める方向に向ける。

そういう時間をもつことで、自分のなかに自立心や自信の芽ができてきます。

好きなものを通じて、自分のなかに何かしら「核《かく》」のようなものができると、友だち関係に頼《たよ》りきってしまうことがなくなります。

これが、友だちづきあい、人づきあいといった他者との関係において、バランスを保《たも》つ働きになるんです。

友だちづきあいを無敵《むてき》にする3つの力

10代から身につけたい友だち力について、整理しておきましょう。
次の3つの力をみがいていったら、友だち関係で悩《なや》むことはなくなります。

①「気の合う友だちをつくる」力

②「気の合わない相手ともうまくつきあう」力

③「ひとりを楽しめる」力

気持ちの通じ合える相手も、あまり合わない相手も、みんな友だちとしてつきあおうとするから、悩《なや》んだり苦しんだりすることになっていたのです。

みんな友だちとしてつきあわなくていいんだとなれば、無理したりがまんしたりしなくてよくなります。

では、友だちとそれ以外の人とは何を基準《きじゅん》にして分けるのか。

それが、**「一緒《いっしょ》にいて楽しくて、笑顔《えがお》になれる、元気になれる存在《そんざい》かどうか」**です。

いつも一緒《いっしょ》にいなくても、大事な打ち明け話をしていなくても、楽しくて笑顔《えがお》になれるなら、友だちと考えればいいのです。

だれとでもおだやかにつきあうことを意識《いしき》することは、「上機嫌《じょうきげん》のすすめ」でもあります。

「気分のよしあしにかかわらず、つねに明るく、おだやかに人と接《せっ》する」

これがぼくの定義《ていぎ》する上機嫌《じょうきげん》ですから。

上機嫌《じょうきげん》モードで人とつきあっていると、「知り合い以上友だち未満」だった人が、何かのきっかけで友だち関係へと進展《しんてん》することもあるわけです。

「気の合う友だちをつくる」ことと、「気の合わない相手ともうまくつきあう」ことは、切り離《はな》された別のことではなくて、通じ合っているんです。

でも、そのふたつの対人関係力だけではダメで、自分の世界をもち、自己肯定感《じここうていかん》をつけ、ひとりを楽しめるようになるという力をもつことで、人に頼《たよ》りきらない関係を保《たも》てるようになる。

3つがより合わされ、三つ編《あ》みのようになると、ひもや縄《なわ》の強度が上がります。心もしっかり保《たも》たれ、不安がなくなるのです。

この3本柱で自分を築《きず》いていきましょう！

第2章

気の合う友だちは「好きなもの」つながりでできていく

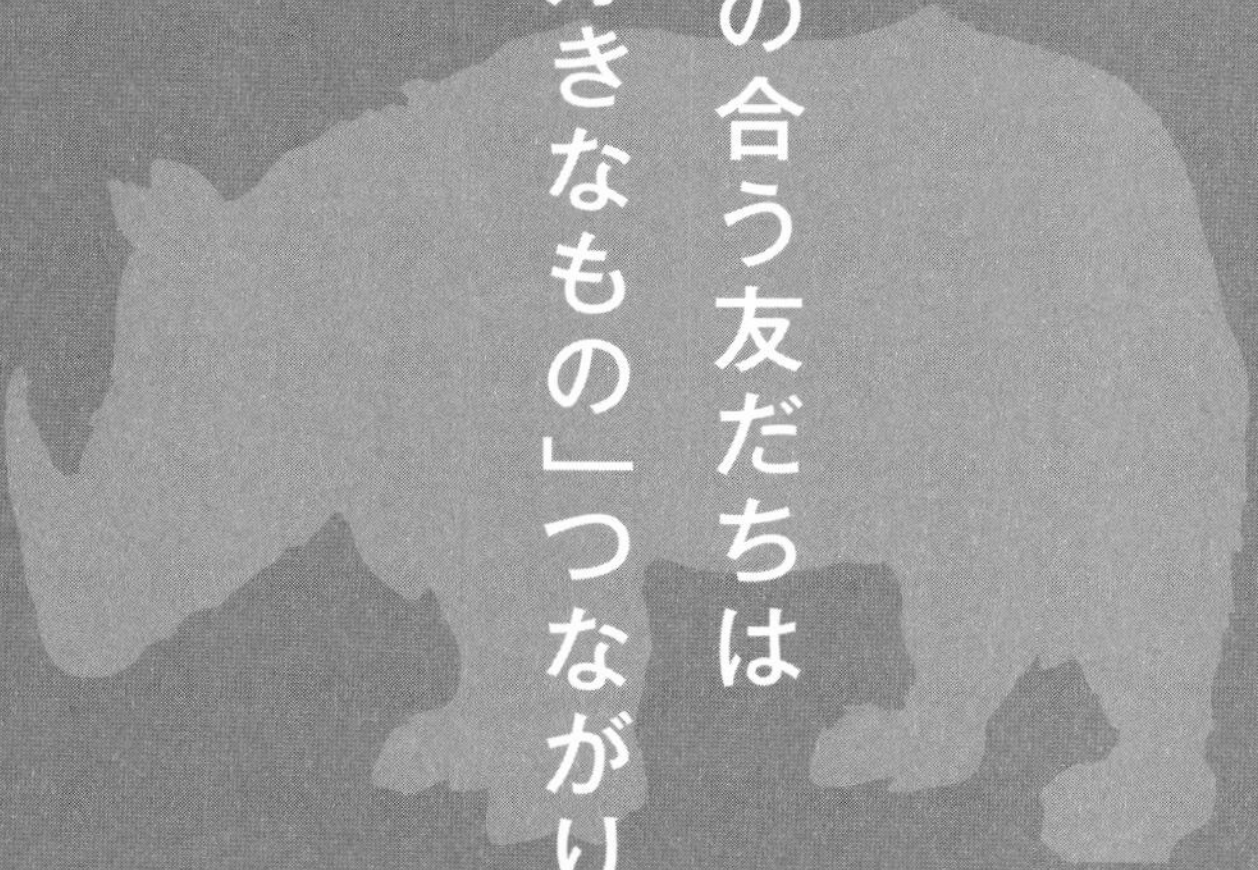

「好き」から広がる世界を大事にしよう

「友だちができない」

「友だちづくりが苦手」

そんな人にとくにお勧《すす》めしたいのが、「好きなもの」つながりでの友だちのつくり方です。

きみの好きなものは何？

趣味《しゅみ》といえるものがなくても、日常《にちじょう》生活のなかで「これ、いいな！」と思うものがいろいろあるでしょう？

好きな動物でも、好きなお菓子《かし》でも、よく見ているYouTube《ユーチューブ》チャンネルでも、なんだっていい。

ふだん人と話すのが苦手だと感じているきみも、自分が好きなもののことなら楽しく話ができるよね。

たとえば、ある漫画が好きだったら、同じように好きだと言う人がいたら、いちばん好きなキャラクターはだれかとか、とくに好きなシーンはどこかとか、話が尽《つ》きないと思います。

好きなものが同じだと、話が盛《も》り上がりやすい。

好きなものの話題で共感し、話題がはずむ――これは人といて、もっとも楽しく幸せな時間です。

ぼくは「**好きなもののことを楽しく話せるのが、友だちの基本《きほん》だ**」と考えています。

好きなものの話題で盛《も》り上がれる相手は、それだけでもう「一緒《いっしょ》にいて楽しい、共感できる」という友だちの条件《じょうけん》をそなえています。

だから、自分の「好き」を大事にしてください。

友だちになるきっかけは、いろいろなところにあります。

かばんにつけていたマスコット人形を見て、

「〇〇好きなの？　わたしも」

と声をかけてくれた人がいて、たちまち意気投合したとか。

「好きなものが同じだね」というのは、いいきっかけです。

持っているものややっていることが一緒《いっしょ》だと、うちとけるまでの時間が早い。

気も合いやすい。


ぼくが、中学、高校、大学、大学院とずっと一緒《いっしょ》だった友だちと親しくなったきっかけは、石川啄木《たくぼく》の短歌でした。

中学のときの国語の授業《じゅぎょう》で、啄木《たくぼく》の好きな歌を一首選んで、ふたりひと組で研究して発表する、という機会があったんです。

ぼくが選んだのは、

「こころよく我《われ》にはたらく仕事あれ　それを仕遂《しと》げて死なむと思ふ」

という歌。

彼《かれ》も同じ歌を選んでいた。

ぼくらは「この歌が好き」という共通点で、チームを組むことになった。

ふたりで一緒《いっしょ》に啄木《たくぼく》のことや歌の背景《はいけい》を調べる課題をやった時間が、すごく楽しかったんです。

それがきっかけで、中間試験や期末試験が近づくと、ふたりで一緒《いっしょ》に勉強するようになりました。

受験も一緒《いっしょ》に勉強して乗り越《こ》えました。

そんなつきあいが大学院を出るまでつづくことになるとは、思ってもいなかったですけどね。まさに同志《どうし》であり、盟友《めいゆう》。

どんな「好き」が一致《いっち》して、友だちができるのかわからない。きっかけはいろいろなところにあるものです。

好きなものをあいだに置く「三角形の関係」

好きなものつながりで友だちになるのが、なぜいいのか。

ひとつは、**共感しやすい**ということです。

自分の好きなものを相手も好きだと知ったときって、親近感がわきますよね。5分話しただけでも距離《きょり》がグッと縮《ちぢ》まります。

もうひとつが、**相手の人格《じんかく》そのものと真っ向から向き合わなくていい**ということ。

共通の関心事である「もの」をはさんで話している状態《じょうたい》は、対象をあいだにして相手と自分との「三角形の関係」になっています。

ふたりの関心のベクトルが「もの」に向かっているので、互《たが》いの人格《じんかく》と直接《ちょくせつ》ぶつからないかたちのコミュニケーションが成立しているのです。

三角形の関係

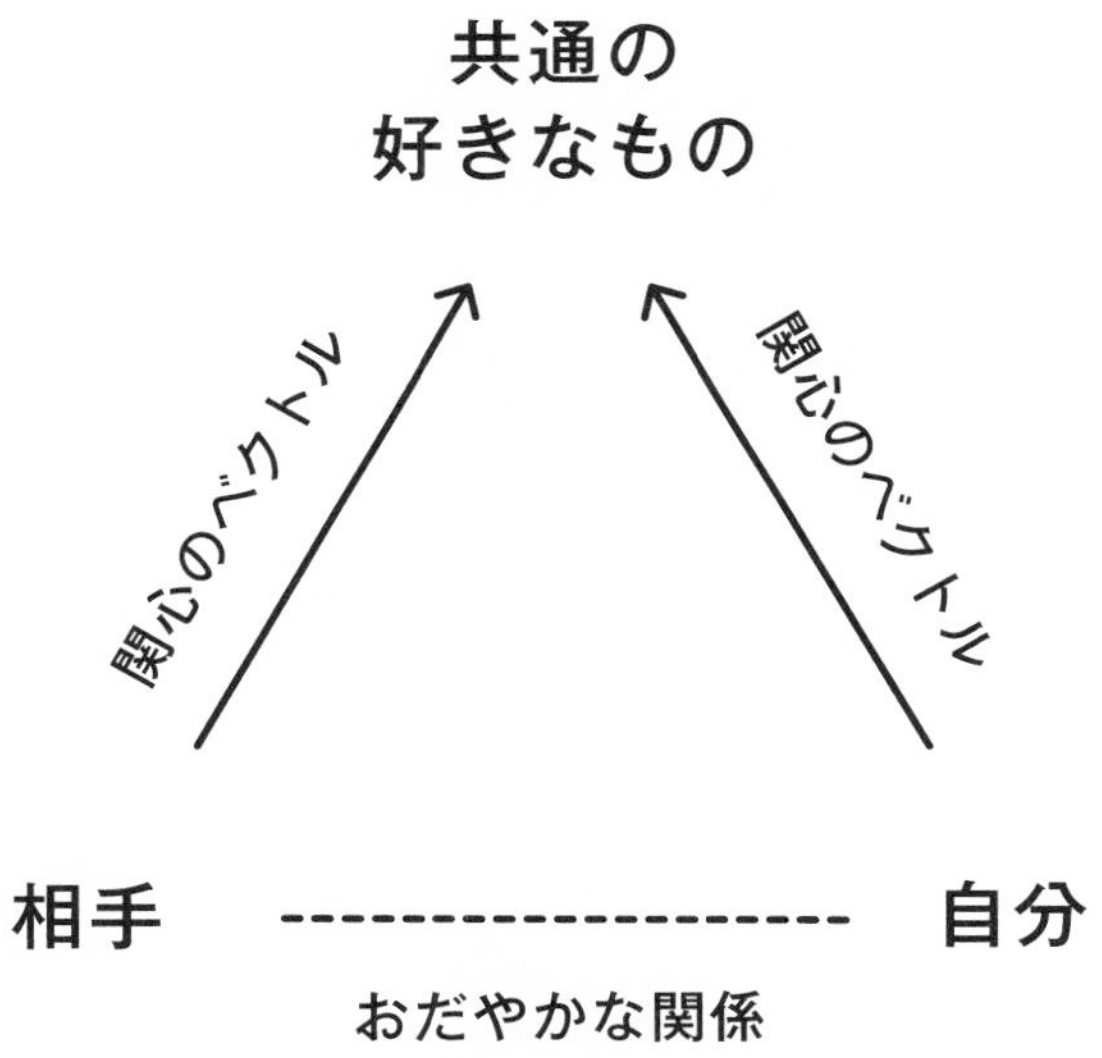
共通の
好きなもの
関心のベクトル
関心のベクトル
相手
自分
おだやかな関係

好きなものの話をしていれば、仮《かり》に少し意見が食い違《ちが》う部分があっても、互《たが》いの人格的《じんかくてき》な問題として、傷《きず》つけたり傷《きず》つけられたりすることになりにくい。

おだやかで幸せな距離感《きょりかん》を保《たも》ちやすいんです。

友だちづきあいを、互《たが》いの人格《じんかく》、人間性《にんげんせい》でつきあうことだと考えると、とてもたいへんです。

人は多面的な個性《こせい》、性格《せいかく》を併《あわ》せもっています。そんな人間同士が、人格《じんかく》と人格《じんかく》で向き合ったら、ぶつかること、がまんできないと思うことがいろいろ出てくるのが当たり前。

人づきあいがうまくいかなくなる原因《げんいん》は、たいていが人格的《じんかくてき》な衝突《しょうとつ》です。

それを避《さ》けるためには、**「三角形の関係」を意識《いしき》する**といいんです。

共通点を見つけ、それをはさんで三角形の関係をつくる。

これは友だちづくりに限《かぎ》らず、人づきあい全般《ぜんぱん》に言えることです。

共感することがポイントなら、あいだにはさむのは共通する「嫌《きら》いなもの」でもいいんじゃないか、と言った人がいますが、嫌《きら》いなもので共感しあうと、悪口になってしまいます。

悪口を言い合って共鳴して盛《も》り上がるというのは、あまりいい友だち関係にはなれないと思います。

三角形のあいだに置くのは、好きなことにしましょう。

自分の好きなものを視覚化《しかくか》する「偏愛《へんあい》マップ」を書いてみよう

「好き」の先には友だち候補《こうほ》がたくさんいる。

ということは、**好きなものがたくさんあれば、それだけたくさんの人と楽しく話すチャンスが増《ふ》える、気の合う友だちもできやすくなる、**ということです。

きみは、自分の好きなものをどのくらい言えますか？

3つ、4つなら、だれでもすぐに出てきますが、「もっと挙げて。できるだけたくさん、それも具体的に」と言うと、けっこうパッと言えないものなのです。

そこでぼくは、**自分の好きなものをありったけ書き出す「偏愛《へんあい》マップ」**という手法を思いついたんです。

自分の好きなものを書き出して、視覚化《しかくか》しておくのです。「偏愛《へんあい》（偏《かたよ》って愛している）」というくらいですから、「大好き」「好きで好きでたまらない」ものを書き出します。

いま現在《げんざい》好きなものだけでなく、以前すごくハマったものも入れます。

書き方は自由。箇条書《かじょうが》きでもいいし、好きなジャンルくくりでもいい。できるだけ具体的に書いたほうが、おもしろくなります。

本やアニメだったらタイトルだけでなく、好きな登場人物の名前も書き入れておこう。決めゼリフや好きな言葉なんかもいい。

偏愛《へんあい》マップの例

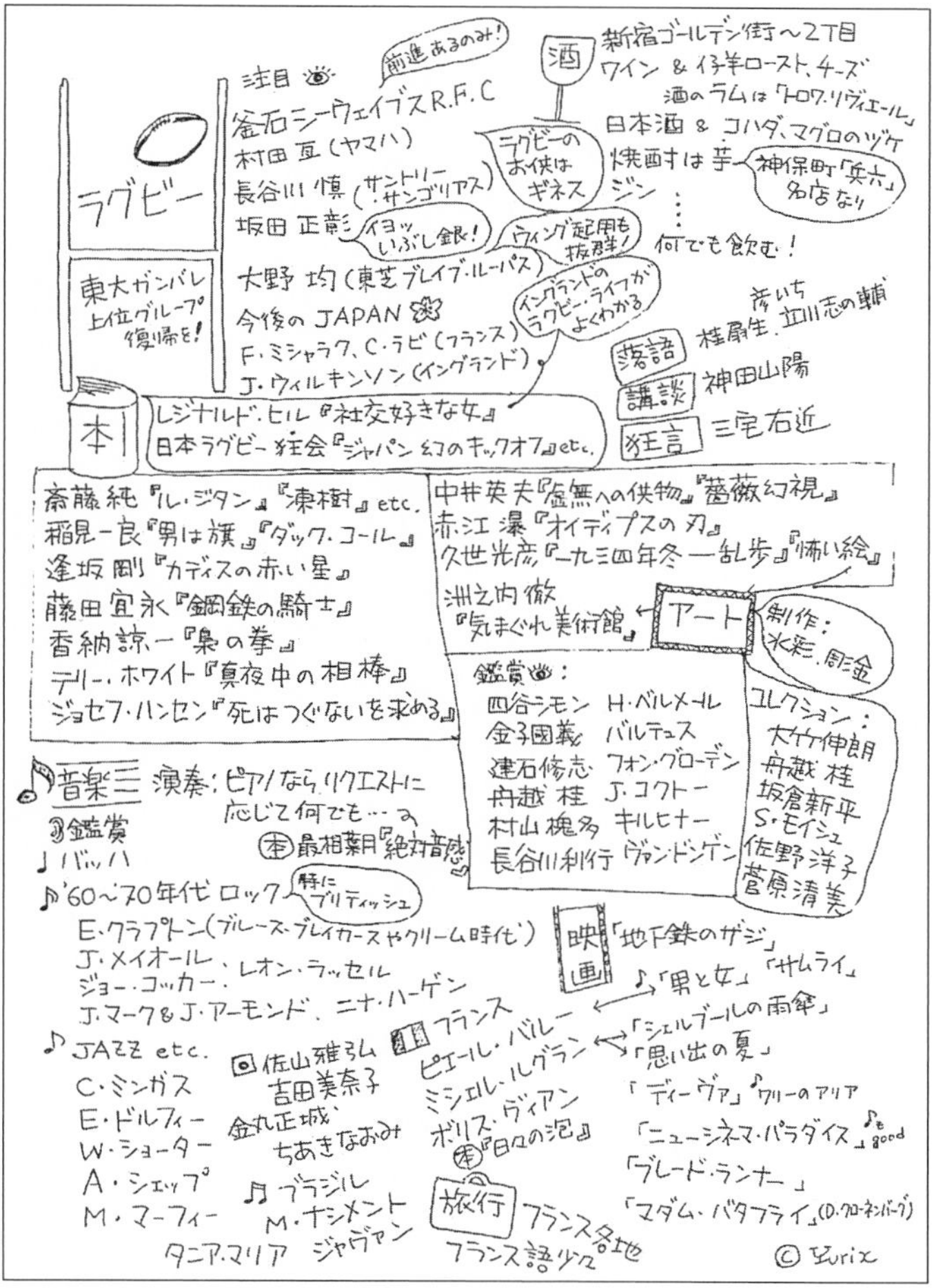

『偏愛《へんあい》マップ　ビックリするくらい人間関係がうまくいく本』齋藤孝《さいとうたかし》（新潮文庫《しんちょう》）より

きれいに書こうとしなくていいんです。とにかく自分の頭のなかにあるものを、思いつく限《かぎ》り全部書き出してください。

ぼくはこれを、授業《じゅぎょう》や研修《けんしゅう》でみなさんにやってもらいました。

書いているうちに、自分の偏愛《へんあい》するものにある傾向《けいこう》があったことに気づいたり、

「これが好きになったのは、もとはといえばこれがきっかけだったなあ」

といったことを思い出したりしておもしろい、と言った人もいます。

あとからまた思い出したら、どんどん追加してもいいです。

「1枚《まい》の紙におさまりきれなくなってしまいました」

と、何枚《なんまい》も紙を貼《は》り合わせて巨大《きょだい》マップを持ってきた人もいます。

好きなものに注目すると、苦手な人がいなくなる

授業《じゅぎょう》や研修《けんしゅう》では、ふたりひと組になって、互《たが》いの偏愛《へんあい》マップを見せ合い、それを

会話の接点《せってん》にして「好きなもののトーク」をするのです。

好きなものに共通項《きょうつうこう》の見つかったふたりは、たちまち会話が盛《も》り上がります。共通のものが見つからなくても、自分の好きなもののことですから、みんな話す、話す。

ずっと笑顔《えがお》が見えています。

10分たったら、組をシャッフルして、こんどは別の人と偏愛《へんあい》マップを見せ合い、「好きなもののトーク」をする。

10分後また組み替《か》え。これを何回かくり返します。

終わると、全体がじつに和気藹々《わきあいあい》とした雰囲気《ふんいき》になり、みんなの心の距離感《きょりかん》が明らかにギュッと縮《ちぢ》まっていることがわかります。

企業《きぎょう》の研修《けんしゅう》でやったところ、

「ちょっと怖《こわ》くて苦手だなあと思っていた上司にこんな一面があったとわかって、

親近感がわきました。苦手意識《いしき》が一気に消えちゃいました。これからは怖《こわ》がらずに、報告《ほうこく》や相談に行けそうです」

「いままでは、ただの会社の同僚《どうりょう》でしたが、共通の趣味《しゅみ》があることがわかって意気投合しました。今日から友だちとしてもつきあいます」

といった感想が出ました。

①好きなものつながりで、出会いが増《ふ》える

②気持ちが通じ合う喜びを味わえる

③苦手な人が減《へ》り、楽しい交友関係ができる

偏愛《へんあい》マップには、こんなメリットがあります。

初対面の人とでも話題に困《こま》りません。

短時間で相手との距離感《きょりかん》が縮《ちぢ》まります。

「話が合わなそう」「ちょっと苦手だな」というイメージのある相手でも、好きなことがわかると、イヤな相手には思えなくなる、という利点もあります。

自分の好きなこととあまり接点《せってん》が見つからない場合でも、相手の好きなことを話題にすれば、なごやかに話すことができる。

たとえ嫌《きら》いな人でも、その人の好きなものを知ることで、コミュニケーションしやすくなるのです。

新入学やクラス替《が》えで新しいクラスになったとき、偏愛《へんあい》マップを書いてみんなで共有すると、友だちができやすくなり、クラスの親近感も一気に増《ま》すと思います。

注意ポイントはひとつ。

相手の好きなものを否定《ひてい》しないで盛《も》り上げること！

自分の「好きなもの」がだれかの「好きなもの」とリンクしていく楽しさを、ぜひ知ってほしいですね。

つるむ友より同好の士

特定の人とのグループ内で、仲よくつきあいたい。10代のころは、みんなが普通《ふつう》にいだく感情《かんじょう》です。

そのグループが、好きなものつながりでできた「〇〇が好きな者同士＝同好の士」という友だちなら、とても楽しそうだなあと思います。

好きなものをはさんで三角形の関係から交流を深め、互《たが》いのことをだんだん知って深いつきあいになっていく。

理解《りかい》しあえるし、刺激《しげき》もしあえる。

息の長い、親しい友だちになっていけるかもしれません。

でも、それぞれの好きなものがまったく同じということはありえないわけで、つねにみんなが一緒《いっしょ》にいる必要はありませんね。

特定のグループ内の人とだけ親しくつきあう、ほかの人とはあまり交流しない、

という状況《じょうきょう》は風通しが悪い。換気《かんき》のよくない環境《かんきょう》になりやすいのです。

風通しをよくするには、それぞれの個別《こべつ》の「好き」を尊重《そんちょう》することです。

「今日はピアノのレッスンがあるから、これで抜《ぬ》ける。また明日」

「わたしはこれから部活。じゃあね」

それぞれが、ほかに大事にしている好きなことのためにグループを抜《ぬ》けることがあるのは、とても自然なことです。

好きなものとか目指しているものが一緒《いっしょ》でつながっているグループは、その部分での連帯感があるので、「つねにつるんでいないと不安」ということにはなりにくいです。

しかし、なんとなく集まってできたグループの場合、三角形の対象となる「もの」や「こと」を共有していません。

好きなものを通して心が通じ合う喜びがない分、いつも一緒《いっしょ》にいることで結束を

感じたくなります。

それぞれが個性《こせい》と個性《こせい》で直接《ちょくせつ》向き合っているので、同じ行動をとらない人がいたりすると、非難《ひなん》したり排除《はいじょ》しようとしたりと、攻撃性《こうげきせい》を向けてしまう。

みんなでだれかひとりを攻撃《こうげき》するという行動をとるのも、そうすることで結束感を感じやすいからなんです。

そんな友だち関係、息がつまりますよね。楽しくない。

そんなふうに**ただつるむだけの友だちだったら、いなくてもいいんじゃないか、**とぼくは思います。

もし、きみがいままでの仲よしグループとうまくいかなくなっても、その関係に無理してしがみつかなくていいです。

ずっと一緒《いっしょ》にいるのが、友だちではありません。

息のつまらない、楽しいつきあいのできる同好の士を探《さが》しましょう。

「Aさんとは、聴《き》く音楽の趣味《しゅみ》が同じで、話が合う」
「Bさんとは、好きな作家の話、読んだ本の話ができる」
「スポーツの話題だったら、Cさんと盛《も》り上がれる」
「Dさんとは、犬好きという共通点がある」
「Eさんとは、好きな歴史人物が一緒《いっしょ》なので、歴史の話ができる」
といった感じ。

好きなものによって、楽しく深い話ができる相手をいろいろ見つけてください。

友だちづきあいの幅《はば》が広がりますよ。

好きなもののことを楽しく話せる相手は、きみの好奇心《こうきしん》を刺激《しげき》して、好きな世界をより深めたり、広げたりできるでしょう。

「○○を目指す者同士」という友だちもいいものです。

目標があると、そのことで話し合ったり励《はげ》まし合ったりできますから、やっぱり三角形がそこにできる。

目標をもっている人は、意識《いしき》やエネルギーがそちらに向かっていますから、「いつもつながっていなきゃ」というような友だちとの関係に頼《たよ》らないものです。

そこには風通しのいい友だち関係があります。

部活は同好の士の集まり

友だちができなくてさびしいという人は、クラブや部活動に入るといいです。

初めてやることでも、それをやりたいと思った時点で、同好の士に仲間入りです。

- やりたいこと、好きなことが一緒《いっしょ》
- 一緒《いっしょ》に過《す》ごす時間が長い（ときには合宿で寝食《しんしょく》も共にする）
- 発表会やコンクール、大会など、同じ目標を目指している
- 練習のつらさや苦労を共有している

こんなに共通項《きょうつうこう》があるんです。

好きなことを一緒《いっしょ》にやっていて、しかも目標を共有してがんばるという時間を重ねている。

親しい関係にならないわけがありません。

クラブや部活動で共に過《す》ごした人は、大切な「仲間」になります。

中学でも、高校でも、ぼくはテニス部に入りました。

入部したときは、新入部員が30～40人いました。

どこの運動部もそうだと思いますが、新入部員は、最初の3か月くらいはハードな基礎《きそ》トレーニングばかりです。

その間にどんどん人数が減《へ》っていきます。

3か月後には、10人前後くらいまで少なくなっています。

そのくらいになると、ようやくコートでボールを打つ練習をさせてもらえる。そこまでが、いちばんの辛抱《しんぼう》しどころなんです。

厳《きび》しい基礎《きそ》トレの時期を耐《た》えてそこまで一緒《いっしょ》に乗り越《こ》えてきたメンバーは、もう仲間になっています。

一緒《いっしょ》の経験《けいけん》を重ねることで、仲間になっていく。

厳《きび》しい経験《けいけん》や苦しい経験《けいけん》を一緒《いっしょ》にしていると、仲間意識《いしき》はよりいっそう強くなる。

いま思うと、中学時代も高校時代も、ぼくはクラスの友だちより部活で一緒《いっしょ》にいた仲間のほうが仲がよかったです。

卒業して何十年たっても、一緒《いっしょ》に戦った仲間であるという意識《いしき》は変わらない。

気が合うとか合わないといったことすら、あまり気にならない。

仲間と友だちはちょっと違《ちが》うものですが、**仲間には仲間ならではの絆《きずな》が生まれます。**

何かで苦楽を共にした仲間が、その後、息の長い友だちになることも多いです。

友だちよりも、仲間をつくろうよ

友だちとつながりつづけるために、みんないろいろ苦労していますよね。

ぼくは、**友だちよりも仲間をつくったほうがいいんじゃないかと思うんです。**

きみたちが大人になって、社会で生き抜《ぬ》いていくために必要なのは、友だちをたくさんつくる力ではありません。

仲間をもち、協力しあう力、それによって現実《げんじつ》をよくしていく力です。

だから、「仲間ってどういうものなのか」「どうしたら仲間ができるのか」といったことを、しっかり体験しておいたほうがいい。

同じ経験《けいけん》を通して、目標、目的のために協力しあっている——この条件《じょうけん》を充《み》たしたら、それはもう仲間です。

友だちがあまりいなくても、仲間がいたらさびしくありません。

大学にはたくさんのサークルがあります。

ぼくは学生に、サークルに所属《しょぞく》することを勧《すす》めます。

「これをやりたいというものがないようだったら、あまり厳《きび》しくなさそうなところに、3つ、4つ、入ってみるのがいいよ。何が自分に合うかわからないのだから」

と言っています。

その部室に行けば、だれかと話すことができる。

学部が違《ちが》う人、学年の違《ちが》う人とも交流できる。

よく知らない人でも、そこは仲間の集《つど》う空間です。

そういう場所に身を置くことが大事なんです。

そのサークルで何かの技術《ぎじゅつ》を獲得《かくとく》したり、上達したりするのは、じつはどうでもいいことで、所属《しょぞく》してそこにいる人たちとつながり、仲間の一員になることが大切。

自分に合わなかったら、やめてもいいんです。

人とかかわり、仲間になろうとした行動に意味がある。

所属《しょぞく》すると、面倒《めんどう》くさいこともあります。

「自分はどこかに所属《しょぞく》してしばられてしまうのがイヤなんだ、自由でいたい」

という人もいるでしょう。

でも、じつは**どこかに所属《しょぞく》し、つながれていることは、社会のなかで生きやすくなるコツ**なんです。

つながりが切れていってしまうと、人はどんどん孤立《こりつ》してしまいます。

社会で生きていくうえで、何かに所属《しょぞく》し、仲間をもっているというのは、とても大切なことなのです。

もつべきものは仲間だ

ぼくは、30歳《さい》を過《す》ぎても定職《ていしょく》がありませんでした。

大学院まで出たものの、就職先《しゅうしょくさき》が全然ない。家族（妻《つま》とふたりの子ども）はいましたが、社会のどこにも所属《しょぞく》する場がないことは、とても心細いことでした。

そんなとき、よく行く定食屋さんのマスターから、

「野球はやらないの？　やるんなら、こんど草野球に来ない？」

と誘《さそ》ってもらいました。

その草野球チームは「ギャンブラーズ」といって、メンバーはギャンブルが好きな人たちばかり。

ぼくはギャンブルこそやっていませんでしたが、家族がいるのに仕事がないという「人生がギャンブル」状態《じょうたい》でしたから、自分も仲間に入る資格《しかく》は十分あるな、と思いました。

チームの一員として、同じユニフォームを着て試合でピッチャーをやらせてもらったりして、楽しい時間を過《す》ごしました。

チームのメンバーがどういう仕事をしているとか、個人的《こじんてき》なことはほとんど知りませんでしたが、一緒《いっしょ》に野球をし、笑い合う仲間がいる。

そういう居場所《いばしょ》がもてたことで、ずいぶん気持ちが救われました。

深いつきあいでなくても、仲間にはなれる。

そして、**仲間がいると思えることは、とても心強い**ということ。

自分にも居場所《いばしょ》がある、と思えるようになるんです。

ぼくはそのときに、心からそう実感しました。

学校の外に目を向けてみる

10代ぐらいの年ごろは、住んでいる世界が学校と家庭だけになりがちです。

ふだんかかわる人といえば、友だち、先生、家族ぐらいでしょ。

友だちも、クラスのなかのごく一部の関係だけ。親しくつきあっているのは、同《どう》性《せい》ばかりという人も多いと思います。

その閉《と》じた環境《かんきょう》が、人間関係にも閉塞感《へいそくかん》を生みやすいのです。

ふだん自分のまわりにいる人たちとは異質《いしつ》なタイプの人たちとかかわってみると、「人って本当にさまざまだなあ」と気づくことができる。

そうすると、人との接《せっ》し方にも変化が出てきます。

キーワードは「経験《けいけん》の共有」です。

一緒《いっしょ》に何かをやってみて、仲間になってみる。

年の離《はな》れた人や、同世代でも学校以外のよその人とかかわることのできる場をもってみる。

たとえば、剣道《けんどう》とか柔道《じゅうどう》、合気道といった武道《ぶどう》の稽古《けいこ》。

ぼくも空手や太極拳《たいきょくけん》など武道《ぶどう》を習っていたことがありますが、年齢《ねんれい》の幅《はば》が広く、いろいろな人と接《せっ》する機会があります。

そこで、ワザのことについていろいろ教えてもらうことができる。同じ道場に所属《しょぞく》する門下生同士は、年齢《ねんれい》がどれだけ離《はな》れていようと、仲間です。

幅広《はばひろ》い年齢層《ねんれいそう》の、いろいろな人がいる場ほどおもしろいです。

地元のお祭りで、御神輿《おみこし》をかつぐとか、太鼓《たいこ》を叩《たた》くとか、何か参加させてもらえる機会なんかもお勧《すす》めです。

いろいろなタイプの大人と交流したり、同級生以外の同世代の人たちと触《ふ》れ合う機会になります。

ぼくの教えている学生は、地方出身で知り合いがあまり東京にいなかったのですが、御神輿《おみこし》をかついで仲間が増《ふ》えたと言っていました。

御神輿《おみこし》をかついだときの肩《かた》の痛《いた》さとか、足を踏《ふ》まれてもみくちゃにされるとか、太鼓《たいこ》の練習で肩《かた》から腕《うで》がぱんぱんになるとか、自分のからだを通して鮮烈《せんれつ》な体験をしたことって、すごく心に残るんです。

そのときは、「しんどい」と弱音を吐《は》きそうになるかもしれないけれど、仲間と一緒《いっしょ》に何かをやった感はハンパじゃないですよ。

あるいは、サマーキャンプに参加してみる。一緒《いっしょ》に食事をつくって一緒《いっしょ》に食べ、一緒《いっしょ》に寝《ね》る。

なぜキャンプがいいかと言うと、一体感を味わいやすいからです。寝食《しんしょく》を共《とも》にすると、むしろ多くの出会いがあります。

友だちを誘《さそ》うとその友だちと話してしまう。ひとりで参加するんです。「単独者《たんどくしゃ》」として行動すると、むしろ多くの出会いがあります。

学校以外の場で、何かを一緒《いっしょ》にやるという企画《きかく》があったら、どんどん参加してみましょう。


いろいろなコミュニティを体験し、いろいろな仲間を知ることで、視野《しや》が確実《かくじつ》に広がります。


「学校の、クラスのなかの、固定した数人だけの友だちだけに固まっているなんて、世界が小さい、小さい！」

そんなふうに思えるようになってほしいのです。

気の合う相手とはどうしたら出会えるか

「気が合う」という言葉をぼくらはなにげなく使っていますが、「気が合う」というのはどういう状態《じょうたい》か、あらためて考えてみましょう。

簡単《かんたん》に言うと、ふたつの要素《ようそ》があります。

①好きなもの、好みの感覚《かんかく》が一致《いっち》する、似《に》ている

②リズム、テンポなどの波長が合う

リズムやテンポの波長は、前にも言ったように、合わせようと意識《いしき》することで相手に合わせることができるようになります。

気が合うとは、人と人のあいだに流れる感覚やリズムなどがぴったりくること。

性格《せいかく》とはあまり関係ない。

ほかの人と、どうしたらどんなふうに寄《よ》り添《そ》えるか、という感覚のことなのです。人との距離感《きょりかん》というのは、実際《じっさい》にいろいろな人と接《せっ》するなかで、経験《けいけん》してつかんでいくもの。

人との距離感《きょりかん》は「人慣《な》れ」することでつかめるようになるのです。

人との距離感《きょりかん》をつかめるようになると、「この人とはこんなふうに接《せっ》すればいいんじゃないかな」と考えられるようになるので、気が合う人が増《ふ》えるんです。

いつも同じ人とつきあっているだけだと、距離感《きょりかん》をつかむ練習にならないわけです。

気の合う友だち、気の合う仲間がほしかったら、狭《せま》く濃《こ》くつきあうのではなくて、広く浅く、いろいろな人と触《ふ》れ合ってみることです。

そのなかから、本当に濃《こ》く、深くつきあいたい相手がきっと見つかりますから。

賢人《けんじん》たちの教え

いつもベッタリ一緒《いっしょ》にいるわけではなくても、気持ちが通い合っている気がして落ちつく。それが友だちとのよい距離感《きょりかん》です。

歌手で俳優《はいゆう》の美輪明宏《みわあきひろ》さんが、こうおっしゃっていたことがあります。

「腹《はら》六分目でつきあいなさい」

満腹《まんぷく》、腹《はら》十分目、おなかいっぱいという状態《じょうたい》だと、どんなに好きなものでも「もういらない」という気になります。

「もう少し話したい」

「もう少し一緒《いっしょ》にいたい」

そんな関係でありつづけるには、腹《はら》六分目くらいのつきあいであるほうがいいのです。

古代中国の思想家、荘子《そうし》も、こんな言葉をのこしています。

「君子《くんし》の交わりは淡《あわ》きこと水の如《ごと》し、小人《しょうじん》の交わりは甘《あま》きこと醴《あまざけ》の如《ごと》し」

「君子《くんし》」とは、教養と徳《とく》をそなえた人格者《じんかくしゃ》のこと。君子《くんし》は、水のように淡白《たんぱく》であっさりとした交際《こうさい》をする。

それに対して、「小人《しょうじん》」、ちっぽけな心の人は、ベタベタとした甘酒《あまざけ》のような交際《こうさい》をする、というわけです。

水と甘酒《あまざけ》、どちらが飽《あ》きずに長く飲みつづけられるでしょうか。

甘酒《あまざけ》は、最初はおいしいと思うかもしれませんが、すぐに飽《あ》きます。水は飽《あ》きることがない。

淡白《たんぱく》で飽《あ》きないからこそ、長くつづくのです。

福沢諭吉《ふくざわゆきち》は『学問のすゝめ』のなかで、こう言っています。

「一旦《いったん》の偶然《ぐうぜん》に人に遭《あ》うて、生涯《しょうがい》の親友たる者あるにあらずや」

偶然《ぐうぜん》出会った人と生涯《しょうがい》の親友になるようなことがあるではないか、というんですね。そして、こうつづけています。

10人の人と出会って、そのなかでたまたまひとり親しい友ができるならば、20人と出会えば、ふたりの親しい友を得ることができる勘定《かんじょう》になる、と。

いろいろな人とたくさん出会い、気さくに話せる相手がたくさんできれば、それだけ自分にしっくりくる友だちとめぐり合うチャンスも増《ふ》えるわけです。

親友でなくてもいい、新しい友、「新友」を見つけなさいと言っています。諭吉自身、親友（莫逆《ばくげき》の友）はいなかったと言います。

『学問のすゝめ』の巻頭《かんとう》の言葉、「「天は人の上に人を造《つく》らず、人の下に人を造《つく》らず」と言えり。」はとても有名ですね。

では、締《し》めくくりの言葉、知っていますか？

「人にして人を毛嫌《けぎら》ひするなかれ。」

人間のくせに、同じ人間を毛嫌《けぎら》いするのはよろしくないよ、と言っているのです。

友だちになることを気楽に考えて、いろいろな人たちと交流していくことが大事

なのです。いわば、交際力《こうさいりょく》ですね。

第3章

「ひとりになる勇気」をもつには どうすればいい？

ひとりぼっちが怖《こわ》いのはなぜか

「休み時間に一緒《いっしょ》に過《す》ごす友だちがいなくて、いつもひとりぼっち。学校に居場所《いばしょ》がない」

こんな悩《なや》みをもっている人、多いですね。

ひとりぼっちであることをまわりに見られるのが恥《は》ずかしいから、トイレの個室《こしつ》でお昼を食べるという話もよく聞きます。

あるいは、

「仲よしグループのつきあいがすごく疲《つか》れる。でも、嫌《きら》われてひとりぼっちになっちゃうのは絶対《ぜったい》にイヤだから、がんばって調子を合わせてる」

こういう人も多い。

ひとりぼっちになるのが怖《こわ》い、と感じるのはなぜなのか考えてみましょうか。

その原因《げんいん》は、ひとりの状況《じょうきょう》の違《ちが》いにある、とぼくは考えています。

「能動的《のうどうてき》」なひとりなのか。

「受動的」なひとりなのか。

つまり、**自分の意思でひとりになっている状況《じょうきょう》なのか、それとも人との関係性《かんけいせい》のなかで、ひとりにさせられてしまっている状況《じょうきょう》なのか**の違《ちが》い。

人の心には、ひとりでいることが気にならないときと、さびしく感じるときと両方あります。

たとえば、おもしろい本を読んでいるとき。何時間もひとりっきりでいても、全然さびしくないでしょう?

自分で「ひとりでいる」ことを選んでいるときは、さびしさは感じません。

だけど、仲のよい友だちが自分には声をかけてくれずに、ほかの子たちと楽しそうに話している姿《すがた》を見たときはどうかな?

楽しそうな輪のなかに自分がいないことを無性《むしょう》にさびしく感じるのではないかと思います。

べつに仲間はずれにされたわけではなくて、たまたまきみがいないところで話が盛《も》り上がっただけかもしれない。

それでも、疎外感《そがいかん》を感じ、さびしさに心が痛《いた》む。

自分の意思ではなくて、自分をとりまく関係性《かんけいせい》のなかで、**「ひとりにさせられている」と感じる状況《じょうきょう》だと、さびしさや不安がわく**のです。

「嫌《きら》われるのが怖《こわ》い」「ひとりぼっちになるのが怖《こわ》い」という思いの強い人は、その「受動的ひとりぼっち」状態《じょうたい》への不安がとても強いのです。

「能動的《のうどうてき》ひとりぼっち」状態《じょうたい》を手に入れる

ひとりになることを怖《こわ》がらないようにするには、「能動的《のうどうてき》ひとりぼっち」になれ

ばいいんです。

自分の意思で「ひとりになる」ことを選択《せんたく》するのであれば、さびしくないし、恥《は》ずかしくもない。みじめな気分になることもありません。

能動的《のうどうてき》というのは、自分で主体的に行動することです。

能動的《のうどうてき》ひとりぼっちへの道、ひとりが平気になるレッスンの最初のステップとして、まずは**ひとりで過《す》ごす時間を充実《じゅうじつ》させる**ことから始めてみましょう。

本を読む、絵を描《か》く、文章を書く。

ものをつくる。

音楽にはいろいろな楽しみ方がありますね。好きな音楽を聴《き》くだけでなく、自分で歌うこと、楽器を演奏《えんそう》すること、詞《し》を書いたり曲をつくったりすることもある。

散歩やランニングもいい。

植物を育てるとか、動物の世話をするのもいい。

釣《つ》りなんかも楽しそう。

気軽な気持ちでいろいろ挑戦《ちょうせん》してみるといいと思います。

「こんなにハマると思わなかった。自分はこういうことが好きだったんだ」といった新たな発見もあるかもしれません。

ひとりの時間の楽しさを味わえて「ひとりでいるって、まんざら悪くないな」と思えるようになったら、最初の一歩は成功です。

「能動的《のうどうてき》ひとりぼっち」と「受動的ひとりぼっち」は、「単独《たんどく》」と「孤立《こりつ》」と言い換《か》えることもできるんじゃないかと思います。

自分でひとりであろうとする姿勢《しせい》、独立心《どくりつしん》、自立心のある姿勢《しせい》が「単独《たんどく》」。

まわりから切り離《はな》されたような不利な状況《じょうきょう》に置かれているのが「孤立《こりつ》」。

そこに自分自身の意思があるかどうかで、大きく違《ちが》ってきます。

孤立《こりつ》はなくしたほうがいい。

単独《たんどく》は愛せるほうがいい。

孤独《こどく》と思われる状況《じょうきょう》も、自分次第で充実《じゅうじつ》した「単独《たんどく》」にすることができる。

『湯神《ゆがみ》くんには友達がいない』（佐倉準《さくらじゅん》　小学館）という高校生の学園マンガがあります。

タイトルにもなっている湯神《ゆがみ》くんは筋金《すじがね》入りの単独者《たんどくしゃ》、「能動的《のうどうてき》ひとりぼっち」なのです。

友だちなんかいらないと豪語《ごうご》し、

「俺《おれ》はウジウジと過去《かこ》の人間関係に脳《のう》の容量《ようりょう》を使うつもりはない」

「何故《なぜ》なら俺《おれ》は、友達とかそういうものを必要としない人間だからだ！」

と言い放つ。

クラスメイトからは、つきあいにくい変人とみなされています。

でも、湯神《ゆがみ》くんは孤立《こりつ》してはいないんです。

自分の好きな世界をもっているから。

野球部に所属《しょぞく》し、エースとして活躍《かつやく》している一方、落語が大好き。

落語のほかにもマニアックな趣味《しゅみ》をいろいろもっているし、なにげに勉強もできちゃう。


このマンガの主人公であるちひろは、友だち関係に悩《なや》む普通《ふつう》の女子高生ですが、湯神くんとかかわり合うことで、ひとりでいることへの意識《いしき》が変わっていきます。

湯神《ゆがみ》くんには共感できなくても、ちひろちゃんには共感がわくんじゃないかな。

単独《たんどく》つながりの「心の友」や「心の師《し》」を見つけよう

能動的《のうどうてき》ひとりぼっち（単独者《たんどくしゃ》）への第2ステップとしてやってほしいのは、**単独《たんどく》つながりの「心の友」を探《さが》すこと。**

自分が共感できる、「わかる、わかる」と思えるような単独《たんどく》のヒーロー、単独《たんどく》のヒロインを見つけるのです。

あこがれの存在《そんざい》がいると、ひとりであることのネガティブイメージが頭のなかからどんどん取り払《はら》われていきます。

ぼくは子どものとき、ムーミンに出てくるスナフキンが大好きでした。スナフキンは、単独《たんどく》の達人です。風のようにあらわれて、また風のように去っていく。孤独《こどく》に見えるけど、さびしくはない。

テレビアニメではギターを弾《ひ》いていたけれど、本のなかのスナフキンはハーモニカを吹《ふ》いていました。

ムーミン谷の面々《めんめん》も愛すべきキャラクターが多いですが、群《む》れようとしないでひとりでちょっと深いことを考えているスナフキンがいちばんカッコよかった。

文学作品にも感じることがあると思います。

自分の感じていたこと、頭のなかにぼんやりとあった思いが言葉として表現《ひょうげん》され、主人公がしゃべったりしている。

「ああ、わかる、わかる。そうなんだよね」という気持ちになります。

そうすると、その作者の本をもっと読みたくなる。

好きな作家を見つけて、その世界観にはまり込《こ》んでいったときには、

「なんてすばらしい友だちがここにいたんだ」

と感激《かんげき》すると思います。

文学に「心の友」を見いだすことができたら、たいへん豊《ゆた》かな友だちの鉱脈《こうみゃく》を見つけた、と言えます。

きみを支《ささ》えてくれる心強い援軍《えんぐん》は、いろいろなところにいます。

ぼくがとくにお勧《すす》めするのは、**偉人伝《いじんでん》を読む**ことです。

偉人《いじん》というのは、人類にとってなんらかの偉大《いだい》な功績《こうせき》をのこした人です。

けれども、子ども時代からずっと順風満帆《じゅんぷうまんぱん》で、苦労も失敗もなかった人なんてい

ません。どんな偉人《いじん》も、挫折《ざせつ》や葛藤《かっとう》をいろいろ経験《けいけん》しています。うまくいったことばかりの人なんていないんです。

本を通じて、生き方に触《ふ》れ、心に響《ひび》いてくるものがあったら、人生のお手本として自分の「心の師《し》」にする。

師《し》と仰《あお》ぐということは、その人の考え方についていろいろ勉強を深めるということです。

そして、その考え方や言葉を、自分がものごとを考えるうえでの参考にさせてもらうのです。

「心の師《し》」をたくさん心にすまわせている人は、それだけ心の味方がたくさんいる、心の援軍《えんぐん》がいる、ということになります。

見ぬ世の人とも精神《せいしん》がつながっていく

『徒然草《つれづれぐさ》』にこんな一文があります。

「ひとり灯のもとに文《ふみ》をひろげて、見ぬ世の人を友とするぞ、こよなう慰《なぐさ》むわざなる」

（さびしくなったら書物を広げて、会ったことのない古《いにしえ》の人の言葉を友とするのは、このうえもなくなぐさめになるものだ。）

あるとき、小林一茶《こばやしいっさ》の全集を読んでいたら、一茶が「『徒然草《つれづれぐさ》』にこんな言葉を見つけたよ」と書いていたのです。

「そうか、一茶も『徒然草《つれづれぐさ》』を読んで兼好法師《けんこうほうし》の言葉に刺激《しげき》を受けたりしたんだなあ」と思うと、兼好法師《けんこうほうし》とも一茶とも自分はつながっている、という気持ちで感慨《かんがい》がわいてきました。

また、能《のう》の大成者である世阿弥《ぜあみ》の『風姿花伝《ふうしかでん》』を読んでいても、「『論語《ろんご》』にこう書かれているが」といった言葉が出てきます。

「ああ、世阿弥《ぜあみ》も『論語《ろんご》』を読んで参考にしていたんだな」と思う。

芭蕉《ばしょう》は奥《おく》の細道をたどるとき、西行の旅のことが心にありました。西行の生き方を思いながら、自分も旅をしたわけです。

「われ思う、ゆえにわれあり」で有名なデカルトも『方法序説《ほうほうじょせつ》』の中で、よい本を読むことは、過去《かこ》の世紀の一流の人たちと語り合うようなものだ、と言っています。

シャネルというブランドで有名なデザイナー、ココ・シャネルは、少女時代に屋《や》根裏部屋《ねうらべや》で小説を宝物《たからもの》として読んで、書き写しました。

「こうして読んだ小説はわたしに人生を教えた。わたしの感性《かんせい》を養い、誇《ほこ》りを教えてくれた。わたしはずっと誇《ほこ》り高い少女だった」

『シャネル　人生を語る』（ポール・モラン著　山田登世子《とよこ》訳《やく》　中公文庫）

みんな「見ぬ世の人を友と」してきているんですね。

その精神《せいしん》は、連綿《れんめん》とつながっているのです。

ずっと読み継《つ》がれてきている古典というのは、それだけたくさんの人の心を動かし、影響《えいきょう》を与《あた》えてきたものばかりです。

そういうものを自分もまた読み、心にやきつけるということは、**自分も精神《せいしん》の流れをくむ者のひとりになる**ということ。

会ったことのない昔の人とも、心がつながっていると感じることができます。

だからさびしくない。

強力な援軍《えんぐん》がいたら、ひとりでいることをさびしいとか不安だと思いません。

強い気持ちで毅然《きぜん》としていられる。

「自分」の心の土台というのは、そうやっていろいろな人の考え方や言葉の集積でできていく。

本をたくさん読んでいる人は、先人、先達の人たちの力に支《ささ》えられて、心の屋台《やたい》骨《ぼね》ががっしりとするのです。

自分の心のなかに、参考にできる人、支《ささ》えてくれる人がまったくいなかったら、それは心細いことですよ。

相談できる相手がだれもいなくて、自分ひとりで向き合わなくてはいけないということになりますから。

自分の考えだけで人生に立ち向かっていくのは、なかなか厳《きび》しいものがあります。

自分の心のなかに、「心の友」「心の師《し》」と呼《よ》べる存在《そんざい》がどれだけいるのか。

自分はひとりじゃないと思えると、ひとりを怖《おそ》れなくていいようになるのです。

ひとりになって気づくこと

シンガーソングライターのあいみょんさんが、インタビューで学生時代のことを語っていました。

中学生のころから、勉強することの意味がわからなくて教室にいたくなくて、学校に行っても、授業《じゅぎょう》を受けずにずっと保健室《ほけんしつ》にいたそうです。友だちはいたけれど、ちょっとした出来事や誤解《ごかい》で、昨日まで仲よく笑い合っていた友だちとの関係が壊《こわ》れてしまったりすることに、友だちってなんだろうなあ、と疑問《ぎもん》をもつこともあったらしい。

高校時代の心の支《ささ》えは音楽。

好きな音楽を聴《き》くだけでなく、自分でも曲をつくるようになります。音楽にのめり込《こ》むあまり、学校の出席日数が足りなくなり、あわや留年《りゅうねん》という事《じ》態《たい》に。

考えた末、ほかの学校に編入《へんにゅう》する道を選びました。前の学校のときの友だちとの関係がぷつりと途絶《とだ》え、新しい学校でも友だちをつくる気になれず、ひとりですごすようになった。

でも、ひとりになったら、かえって自由になったそうです。

ひとりの時間をもつようになって、自分は音楽をやりたいということが明確《めいかく》になったのだとか。

「ひとりになって気づくことってある。いつでもまわりに人がいると思っていたら、あかん。でも、ひとりだと感じても、世界にひとりだけ取り残されているわけじゃない」

あいみょんさんは、ひとりになって孤独《こどく》を味わうなかで、自分が本当に大事にしたいもの、やりたいことに気づくことができたのだと思います。

歌手・俳優《はいゆう》として大活躍《だいかつやく》している星野源《ほしのげん》さんも、若《わか》いころは人間関係を築《きず》くのが苦手で、歌も人に聞かせるためのものというよりは、「呪《のろ》い歌」だったとインタビューで話していました。

ひとりになることは、自分自身と向き合う絶好《ぜっこう》の機会になります。

関心のベクトルが内側を向くことになり、「自分はどうしたいのか」「どうなりたいのか」ということを深く考えるようになります。

まわりに流されないで、自分の問題としてしっかり考え抜《ぬ》くようになります。

それによって、覚悟《かくご》ができるのです。

一度ひとりになってみることが、思春期には必要じゃないかとぼくは思います。

きみは「ひとりになる勇気」がある?

能動的《のうどうてき》ひとりぼっちへの道、次なるステップは、**人とつるむことを控《ひか》えて、「個《こ》」として単独《たんどく》行動してみる**ことです。

何をするにも仲よし2人組で一緒《いっしょ》に行動してしまう。部活に入るのも、塾《じゅく》に行くのも一緒《いっしょ》。

どんなに仲がよくても、やりたいことがすべて同じということはないはずですよね。でも、離《はな》れたら友だちじゃなくなってしまうみたいに、ずっとくっついている。

たまには、ひとりになって行動することも必要です。

未知の環境《かんきょう》のなかに、ひとりで入るのは緊張《きんちょう》することですが、

「これは、ひとりで飛び込《こ》んでみよう」

という勇気をもってみてほしいと思います。


ぼくは、自由に動きまわれる環境《かんきょう》でセミナーや特別授業《じゅぎょう》をやるとき、いろいろな人数にグループを組み替《か》えるグルーピングゲームをやってもらうことがあります。

最初は、一人ひとりバラバラで歩きまわっています。

「では、3人のグループをつくってください」

指示《しじ》の人数のグループをつくる。

できたところからすわっていくのですが、いつでも一緒《いっしょ》の仲よし2人組の人たちがいると、なかなかグループができません。

2人組同士が4人でじっと見合ったまま、相手の出方をうかがっているようなこ

とがよくあります。

「じゃあ、わたしたちが別々《べつべつ》になって、こっちのグループとそっちのグループに分かれよう」

と言えないんですね。膠着状態《こうちゃくじょうたい》がしばらくつづく。

「次は11人のグループをつくってください」

人数がぐっと増《ふ》えます。3人グループが4つ合体するとしても12人になるので、そこからだれかひとりが抜《ぬ》けなければ11人のグループは成立しません。

「次は5人グループ」

11人が分かれるのも、やはりだれかが抜《ぬ》けないと5人グループになりません。

そのときどきに**「自分が抜《ぬ》ける」選択《せんたく》をスッとできるかどうか。**

ひとり（単独《たんどく》）になることを怖《こわ》がっていたら、動けません。

きみだったら、どうしますか？

協調するって、どういうことだろうか

このゲームも、**練習しているとできるようになっていきます**。

最初は「自分が抜《ぬ》ける」ことのできる人があまりいないので、時間がかかります。「みなさん、これはひとりになる練習です。毎回、それぞれが『個《こ》』としてどうしたらいいかを考えて、すばやく動いてくださいね」と言って、「次は7人」「次は4人」……とやっていると、次第にスッと動ける人が増《ふ》え、短い時間でグループができるようになっていきます。

これでわかるのは、「ひとりになる勇気」のあるなしだけではなく、**協調性《きょうちょうせい》、社会性《しゃかいせい》があるかどうか**ということです。

自分があぶれてしまうのはイヤだ、という人は、自分のことだけしか考えていない。

まわりを見ながら、いま自分がどう動くことがこの場にとっていいことか、という視点《してん》で考えられる人は、動けるのです。

協調性《きょうちょうせい》とは、まわりの人と同じように、同じことをすることではありません。自分が動くことで、全体がうまくいくかどうかを判断《はんだん》できる。考えるだけでなく、スッと行動できる。

これが協調性《きょうちょうせい》というものの本質《ほんしつ》です。

いまいる場所で自分が何をしたらいいかがわかる。

そして、個人的《こじんてき》な感情《かんじょう》、好き嫌《きら》いとか、苦手意識《いしき》といったことを考えないで動ける。

こういう人は、社会性《しゃかいせい》があるのです。

ある大手自動車会社の研修《けんしゅう》でこのゲームをやったときは、どんな人数でも瞬時《しゅんじ》にササササッとグループができていきました。

大人だからできたということではなく、社会性《しゃかいせい》が高い人ばかりだったからです。

ひとり抜《ぬ》けたらスムーズにグループができることは、だれでもすぐにわかっているわけです。

そこですばやく自分が抜《ぬ》ける。

全体を見渡《みわた》し、ほかのまだグループのできていないところを見つけて、

「そこの人、一緒《いっしょ》になろうよ。あそこに入ろう」

と、どんどん新しい相手と組んでいける人がいます。

この資質《ししつ》は、リーダー性《せい》です。

自分がどう動くのがいいかだけでなく、ほかのあぶれている人の状況《じょうきょう》もつかめて、全体でどうすればいいかを考えることができるわけですから。

この場がもっとよくなるためには何をすればいいかを考えられる。

リーダーになっていく人は、そういうことのできる人です。

「空気を読む」という言葉が、いつのまにか、人に同調することを指すような受けとめ方をされるようになっています。

同調して、ただまわりと同じであろうとすることは、その場の空気をよくしていくことにはなりません。

「空気を読む」ということの本来の意味は、その場の雰囲気《ふんいき》から状況《じょうきょう》を推察《すいさつ》し、いま自分は何をすべきだろうか、と考えてよりよい行動ができることだ、とぼくは思っています。

その場の空気がよどんでしまう方向にものごとを進めるのではなく、空気の循環《じゅんかん》がよくなるような判断《はんだん》をし、行動できるということ。

「ひとりになる勇気」というのは、そのためにもとても大事なものだと思うのです。

「犀《さい》の角《つの》のようにただ独《ひと》り歩め」

「犀《さい》の角《つの》のようにただ独《ひと》り歩め」

これはブッダの言葉です。

インド犀《さい》の角《つの》は、鼻先に１本、堂々《どうどう》と突《つ》き出ています。単独《たんどく》で歩んでいく覚悟《かくご》のことを、ブッダは「犀《さい》の角《つの》」にたとえて語ったのです。『スッタニパータ』という経典《きょうてん》に書かれているのですが、詩文のかたちで人生の心得が語られ、「犀《さい》の角《つの》」と題された詩節があります。

そのなかにこんな項《こう》があります。

「仲間の中におれば、休むにも、立つにも、行くにも、旅するにも、つねにひとに呼《よ》びかけられる。他人に従属《じゅうぞく》しない独立《どくりつ》自由をめざして、犀《さい》の角《つの》のようにただ独《ひと》り歩め」

『ブッダのことば　スッタニパータ』（中村元訳《なかむらはじめやく》　岩波文庫）

詩文の言葉ですから、声に出して唱えると心にスーッと入ってくる。何度も声に出して読み、心に焼きつけてほしい言葉です。

人間、生まれてくるときも、死ぬときもひとりです。

ただひとり歩んでいくことが、生きることなのです。

一緒《いっしょ》にいると疲《つか》れてしまうようなビミョウなグループから、ときには離《はな》れてみることです。

自分のやりたいことをやるため、あるいは勉強するためでもいい、いつも一緒《いっしょ》ではなくて、離《はな》れる時間をもってみる。

それに対して嫌味《いやみ》を言ったり、陰口《かげぐち》をたたいたりする人がいても、あまり気にしてはいけません。

きみの人生と、その人の人生は別のものなんですから。

きみが価値《かち》を置いているものについて、理解《りかい》してもらえない、ただそれだけのこと。

だれもが理解《りかい》しあえるわけではないんです。

孤独《こどく》を怖《おそ》れなくなることとは、自分自身を大切にすることだとぼくは思います。**友だちとのつきあいも大事だけど、それ以上に自分のことも大事にしなきゃいけない。**

きみのいちばんの友はきみ自身です。そう思えるようになろう。

イヤな思いをして、気も合っていない人とつるむ必要なんてないんです。

ひとりになることを怖《おそ》れすぎていると、いじめてくる相手やよくない友だちであっても、一緒《いっしょ》にいなければならないようなゆがんだ気持ちになってしまいやすい。

「こんな友だちでもいたほうがいい」とか「あんな相手だけれど嫌《きら》われたくない」というようなのは、やっぱりおかしいのです。

それって、自分自身を大切にできていないということです。

自分を大事にしなきゃね。

孤独《こどく》は人を成長させます。

ひとりでいる自分を受け入れることができたら、ひとりを恥《は》ずかしいこと、みじめなことと思うような気持ちはわきません。

「個《こ》」として自立できる人になろうよ。

それが**「誇《ほこ》りをもつ」**ということじゃないかな。

自分の軸《じく》がしっかりすることで、誇《ほこ》りや自尊心《じそんしん》も自分のなかに根を張《は》っていく。

そして強くなっていける。

能動的《のうどうてき》ひとりぼっちとは、孤独《こどく》を愛せる単独者《たんどくしゃ》になることです。

ぼくはきみたちに、ひとりに強い人になってほしいです。

第4章

友だちが離《はな》れてしまう理由、気づいてる？

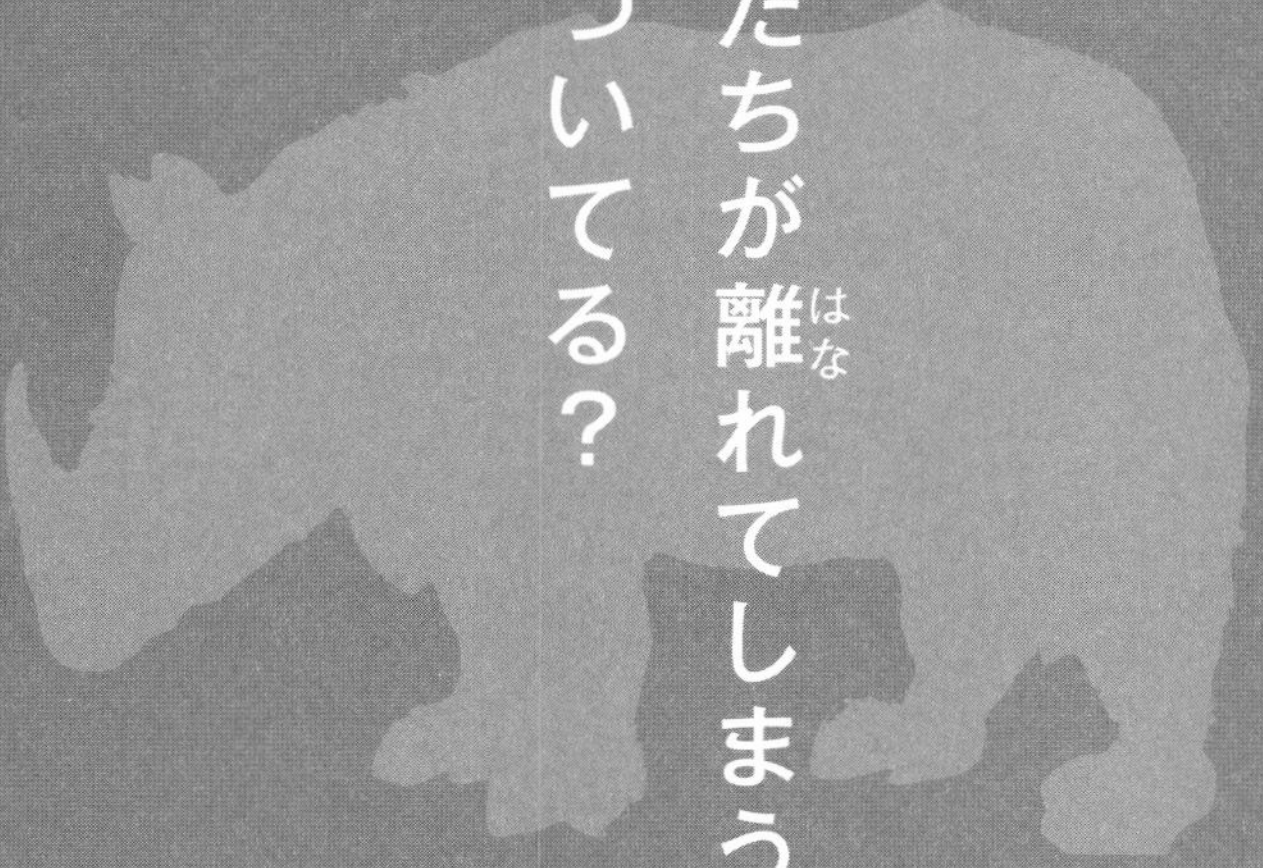

「友だちだから言うけど」は鋭《するど》い刃《やいば》

「友だちだから言うけど……」

こんなログセ、ありませんか？

この言葉につづくのは、決まって相手を非難《ひなん》したり批判《ひはん》したりする言葉です。

「そういうところがダメなんだよ、直しなよ」

「自分のこと、かわいいと勘違《かんちが》いしてない？」

ついきつい言い方をしてしまう。

自分では、友だちだから、正直に本音を言っているんだというつもりでしょうが、相手は傷《きず》ついているかもしれません。

言葉を凶器《きょうき》にしてはいけない、ものの言い方に気をつけようという話をしましたが、こんな言い方ばかりされていると、一緒《いっしょ》にいたくないなあ、と思うようになってしまいます。

「本音で話せる本当の友だちだと思っているから、言っているのに」

きみはそう思うかもしれません。

しかし、**親しい友だちだったら、感情《かんじょう》をストレートにぶつけていいということはありません。**

ぼくも、親友だと思っていた人にけっこうきつめのことを言ってしまって疎遠《そえん》になった経験《けいけん》があります。

友だちであっても、言ってはいけないことがあるんです、たとえ本当のことであっても。

「親しき仲にも礼儀《れいぎ》あり」と言うように、**どんなに親しい関係でも礼儀《れいぎ》が必要、節度が必要**です。

「本音を言わせてもらうと」も破壊力《はかいりょく》のある危険《きけん》な言葉

そういう意味では、「本音を言わせてもらうと」という言葉も要注意です。

その後に、相手に対していい話、ポジティブな話が出てくることはまずないんです。

「そこがイヤ。いままでは少し遠慮《えんりょ》していたけれど、じつはそういうところが大嫌《だいきら》い」

みたいな爆弾《ばくだん》発言が出てくるとか。

そうなると、

「いままでずっとそんなふうに思っていたの?」

ということになり、過去《かこ》までがすべて否定《ひてい》されることになります。

「本音」には、破壊力《はかいりょく》があります。関係性《かんけいせい》を壊《こわ》すような言葉が出てきやすいのです。

本音があるということは、建前があったということ。

これまでの言葉や態度《たいど》とのギャップが大きいほど、相手を深く傷《きず》つけます。ぼくの経験《けいけん》では、本音を出してよかったことなんて、ほとんどありません。人間関係を壊《こわ》すものでしかない。

言いたい放題に本音を言い合うと、人間関係は最悪の事態《じたい》になるのです。

国家と国家がそれぞれ本音を言いだすと、戦争状態《じょうたい》になるか、国交断絶《だんぜつ》になります。

外交とは、そうしないために話し合いの交渉《こうしょう》をするものです。緊張《きんちょう》関係にある国家間でも、外交官はおだやかなつきあいをし、うまくやっていくための道筋《みちすじ》を見つけようとする。

完全に本音を言い合ってしまったら、

「この領土《りょうど》はこっちのものだ、これは譲《ゆず》れない。だいたい、昔から気に入らなかったんだ、もう戦争しかない」

というようなことになるのです。

戦争とは、おだやかな国交が切れてしまった状態《じょうたい》。お互《たが》いにコミュニケーションしないということですから。

普通《ふつう》に、日々《ひび》なごやかにつきあっていくには、本音は必要ないのです。本音を言っていいのは、「縁《えん》を切りたい」と思う相手くらい。

本音という感情的《かんじょうてき》な部分を抑《おさ》えてつきあっていくのが、人づきあいのルール、マナーというものです。

ちなみに、芸能人《げいのうじん》の方で、「毒舌《どくぜつ》」がウリの人がいますね。切れ味のいい言葉で、みんなを笑わせるのがうまい。

あれは、本音で言っているわけではありません。

言葉の威力《いりょく》とその「かげん」を心得ている人が、「芸」としてやっているんです。

そういう立ち位置の役割《やくわり》を果たしているんです。

言われたほうも、それでおもしろいと思ってもらえて名前や顔が売れたらメリットがある。


そういう関係のなかで成り立っているのです。

毒舌《どくぜつ》キャラをやっている人たちは、実際《じっさい》に会うと、おだやかで腰《こし》が低く、謙虚《けんきょ》なもの言いをされる方ばかりです。毒舌《どくぜつ》キャラというのは、素《す》の姿《すがた》ではないのです。

ただ毒舌《どくぜつ》キャラにあこがれて、片《かた》っ端《ぱし》から人をけなしていると、その見返りは自分に戻《もど》ってきます。

間違《まちが》いなく周りから人がいなくなります。

否定《ひてい》グセは嫌《きら》われ度が高い

「いや、そうじゃなくて……」

「違《ちが》うって、絶対《ぜったい》」

「そんなの、ありえないでしょ」

相手の言ったことを、すぐに否定《ひてい》してかかる人もいますね。

自分の話の文脈をブチッと断《た》ち切られるわけですから、相手は会話のキャッチボールという行為《こうい》そのものを否定《ひてい》されている感じを受け、イラッとします。

しかも、話の内容《ないよう》を否定《ひてい》する。自分の話を受けとめてもらえていない、という不満も感じます。

否定語《ひていご》がクセになっていて、無意識《むいしき》に出てしまう、自分では口に出していることすら気づいていない人は多いです。

大人でもよくいます。

「だけど、……ですよね」

「だけど」は逆接《ぎゃくせつ》の接続詞《せつぞくし》ですが、話の内容《ないよう》を聞いていると、べつに反対することを言おうとしているわけではなかったりします。

「だから」でも「ということは」でもいいのに、「だけど」がログセになっている。そのたびに、相手の言葉を否定《ひてい》していることに気づいていないんです。

こういう人は、人間関係で損《そん》をしていると思います。

「でも」「だけど」「とはいえ」「そうはいっても」といった言い方は、できるだけしないほうがいいですね。

とくに、相手が好んでいるもの、いいと思っているものを否定《ひてい》するのはダメです。

「これ、いいよ。おもしろいよ」

と言ったときに、

「あんなのくだらない」

と返されると、言った人はダブルでショックを受けます。

「いい」と言った自分を否定《ひてい》され、自分の好きなその対象を否定《ひてい》されるからです。

「ひどい」と悲しくなる、「そんなことない」と怒《おこ》りたくなる、「イヤな人だな」と相手を嫌《きら》いになる。このいずれか、あるいは全部です。

人の好み、好き嫌《きら》いはそれぞれです。

相手の好きなものを否定《ひてい》しないことは、大事なマナーです。

ぼくは、これで失敗したことがあります。

若《わか》い知人と雑談《ざつだん》していて、好きなアーティストの話になりました。その人が好きなアーティスト名を言ったとき、ちょっと意外に思ったぼくは、

「えーっ！　どこがいいの？」

と言ってしまったのです。

次の瞬間《しゅんかん》、その人の顔から笑顔が消えたのをよく覚えています。

傷《きず》つけちゃったかなと思い、すぐにフォローにまわったのですが、後の祭り。その人は、それ以降《いこう》、音楽に限《かぎ》らず自分の好きなものの話をぼくにしなくなってしまいました。

「どこがいいの？」というのは、文字で見ていたらとくに否定的《ひていてき》には見えないかも

しれません。しかし会話のなかでは、ニュアンスに否定的《ひていてき》に思っているのが出てしまうものなのです。

激《はげ》しく反省しました。

あるとき、「自分はオタクですが」という人がこんなことを言っていました。

「オタク仲間って、けっこう気づかいできる人が多いんですよ。『キモい』とか傷《きず》つくようなことを言われた経験《けいけん》をもつ人が多いせいか、人の痛《いた》みがわかる。だから、土足でこちらの心のなかに入ってくるようなことをしないんです。

自分の好きな世界を否定《ひてい》されるのはイヤだから、相手の好きな世界も否定《ひてい》しない。

意外に思われるかもしれないですが、みんなけっこう礼儀《れいぎ》正しくて、優《やさ》しいんです」

自分がされてイヤなことをわかっているから、人にそういうことをしない。

それは、人間関係の機微《きび》がきちんとわかっているということです。

すぐムキになる人はつきあいにくい

気に入らないことがあると、すぐムキになる。

自分の思うようにならないと、ムッとしてすねる。

こういう人は、正直「面倒《めんどう》くさいなあ」と思われています。

また、気分の波が激《はげ》しくて、暗い顔で沈《しず》んでいる日があるかと思えば、ハイテンションで騒《さわ》ぐ日もあるような人も、つきあいにくい。周りにいて疲《つか》れてしまいます。

だれしも、うれしいことと悲しいことはいろいろありますが、そのときどきの感《かん》情《じょう》の起《き》伏《ふく》を人づきあいには出さないように努力しています。

大目に見てもらえるのは、まだ自分の感情《かんじょう》をコントロールすることのできない幼《よう》児《じ》と、変人であることが世の中から許《ゆる》されている天才だけでしょう。

ほかにも、人をイラつかせやすい特徴《とくちょう》には次のようなものがあります。

- 人の意見を聞かず、「これじゃなきゃダメ」「これ以外は絶対《ぜったい》にイヤ」と自己主《じこしゅ》張《ちょう》が激《はげ》しい
- 口が軽い。他人の秘密《ひみつ》を平気で言ってしまう
- ケンカ体質《たいしつ》で、すぐに人と衝突《しょうとつ》する
- 「わたしなんか」「こんな自分」と自分を卑下《ひげ》するようなことばかり言う
- 主体性《しゅたいせい》がなく、「なんでもいいよ」「どこでもいい」と自分の意思表示《ひょうじ》をはっきりさせない

口が軽く、不用意になんでもベラベラしゃべってしまう人は、信用できませんね。日常会話《にちじょうかいわ》だけでなく、そのゆるい感覚でSNS《エスエヌエス》でも不用意なことを書いてしまいます。近くにいてほしくないです。

自己主張《じこしゅちょう》の強すぎる人も困《こま》りますが、自信がなかったり、主体性《しゅたいせい》がなかったりし

て、自分の意思を伝えなさすぎる人もうっとうしがられます。

人と衝突《しょうとつ》しやすい人というのは、周りの空気を不穏《ふおん》にしてしまうんです。ケンカごしで何かと攻撃《こうげき》を仕掛《しか》けるので、おだやかな人のまわりすら不穏《ふおん》な空気になり、巻《ま》き込《こ》まれてしまう。

ここに挙げたようなクセを直さないと、周りから人が去っていってしまいます。

つきあいの悪い人は誘《さそ》われなくなって当然

友だちづきあいでは「誘《さそ》われたら行く」という姿勢《しせい》が大事です。

自分がそれを好きか嫌《きら》いか、得意か不得意かに関係なく、仲よくなる企画《きかく》があればフットワーク軽くそこに乗れる、ということが大事なんです。

「カラオケ？　カラオケは好きじゃないから」

「歌がヘタだから恥《は》ずかしい」

などと言わない。

うまいか、うまくないかとか、カラオケがどのくらい好きかなんてことは関係ないんですね。ヘタでも行く。

こういう人は、**「つきあいがいい」**と言われます。

自分から積極的にかかわっていくことのできない人でも、誘《さそ》われたら行くことにしていると、友だちづきあいは長くつづき、「いつものメンバー」として認《みと》めてもらえるようになります。

だから、**友だちがいないと悩《なや》んでいる人ほど、その誘《さそ》いを無駄《むだ》にしないようにしなくちゃいけません。**

友だちがほしかったら、人の誘《さそ》いに気持ちよく乗りましょう。

誘《さそ》ってくれるうちが花です。

3回誘《さそ》われて3回とも断《ことわ》ってしまう人は、もう声をかけてもらえなくなります。

「誘《さそ》ってもどうせ来ないから、声かけなくていいか」

となってしまうからです。

つきあいをよくしていると、やったことのないことをやれたり、行ったことのないところに行けたり、食べたことのないものを食べたり、自分自身の興味《きょうみ》関心もどんどん広げていけます。

そういうなかで自分のことも知ってもらえ、相手のこともいろいろ知ることができて、友だちとの関係を深めていくことができる。

それには、人に合わせることができる受容性《じゅようせい》、柔軟性《じゅうなんせい》が必要です。

怒《おこ》らせてしまったとき、素直《すなお》にあやまれるか

相手を怒《おこ》らせてしまったとき、素直《すなお》にサッとあやまることのできない人は友だちが減《へ》ります。

「ここであやまったら負けだ」みたいに思うのか、つっぱるタイプの人がいますが、

意地を張《は》っていいことなんかないんです。

友だちづきあいのうまい人は、向こうにもよくないところがあると思っても、自分のほうから折れて、先にあやまって関係性《かんけいせい》の改善《かいぜん》をはかろうとします。

仲直りのための橋を自分のほうからすばやくかけられるかどうかは、友だちが寄《よ》ってくる人、離《はな》れていく人の大きな分かれ目になると思います。

関係修復《しゅうふく》は早いほうがいい。

向こうもイヤな気分でいることはたしかですから、早く修復《しゅうふく》をはかったほうがいいんです。

できれば口頭で伝えたほうがいい、とぼくは思っています。文字のメッセージで伝えられるものと、実際《じっさい》に口で言うのとでは、気持ちの伝わり方が違《ちが》うから。

とりあえず、その日のうちにLINE《ライン》でもひとことおわびのメッセージを入れて、あらためて翌日《よくじつ》きちんと「ごめんなさい」と言うのがいいでしょうね。

無事、仲直りができそうだったら、**その場で何かに誘《さそ》うといい**と思います。仲直りの気持ち、「これからもよろしくね」という気持ちのしるしとして、今日、帰りに一緒《いっしょ》にどこどこに行こう、とか。

仲直りのタイミングで、もう一歩踏《ふ》み込《こ》んで、相手との心の距離《きょり》を縮《ちぢ》めるのです。そうでないと、かたちとしては仲直りしても、自然と疎遠《そえん》になってしまう可能性《かのうせい》もあるからです。

もし、相手がものすごく怒《おこ》っていて、簡単《かんたん》に許《ゆる》してくれないような場合は、少し時間を置くしかありません。

時間が相手の気持ちをやわらげるのを待つ。そういう修復《しゅうふく》の仕方もあります。

失礼なことを言われたときに、「かわす」技術《ぎじゅつ》があるか

わざと人のいやがることを言ったりやったりするのは、幼稚《ようち》なふるまいです。

しかし、いますよね、そういうことを仕掛《しか》けてくる人。

それに対して、ムキになってしまうのは、同レベルということになってしまいます。

どこ吹《ふ》く風という感じで、受け流せるほうがカッコいい。

こういうときは「かわす」んです。

人が多いところを歩くとき、ぶつかりそうになったら、ちょっとからだの向きを変えたりしますね。

会話においても、「かわす」ことがうまくなると、ぶつかることを避《さ》けられるのです。

うまく回避《かいひ》できると、ちょっとイヤな相手でも、おだやかにつきあうことができます。

カチンとくることを言われても、波風を立てずに受け流して聞く。

そして、さりげない感じで**話題をずらす**。

そのことについての話がつづくのを回避《かいひ》するのです。

「〇〇といえば、あれ知ってる?」

というような具合です。

無駄《むだ》に波風を立てず、衝突《しょうとつ》を回避《かいひ》できる。ちょっと大人な対処法《たいしょほう》です。

余裕《よゆう》をもって、かわせるようになりましょう。

ユーモアで返すというかわし方もあります。

ぼくは大学で、教師《きょうし》になる人たちを教えています。

学生は、教育実習先で生徒たちから、からかわれたりすることがあるらしいんです。

「先生、顔が大きいね」

「脚《あし》が短〜い」

みたいなことを言ってくるといいます。

学校の先生たちよりも歳《とし》が近くて親しみやすさもあるんだと思いますが、いやみなことを言って、どういう反応《はんのう》をするか様子を見ようとするわけです。

「そういうときは、どう対応《たいおう》するのがいいんでしょうか？」

と相談されたので、ぼくは
「ユーモアで返すのがいちばんいいよ」

と言いました。

たとえば、

「顔、大きいでしょ。歌舞伎《かぶき》役者の人は、顔が大きいほうが舞台映《ぶたいば》えするからいいといいます。ぼくも教壇《きょうだん》に立ったときに見映《みば》えするように、みなさんのために顔を大きく仕上げてきました」とか。

「脚《あし》が短いおかげで、安定感がいい。ぼくは相撲《すもう》が得意です。だれかぼくと相撲《すもう》とってみる？」とか。

毒気を受け入れて笑いに変えてしまうといい、という話をしたんです。

きみたちも、そういう「ユーモア返し」の技術《ぎじゅつ》をみがいておくと、いろいろな場面でラクになりますよ。

クセや習慣《しゅうかん》の違《ちが》いでぶつかり合っている

人と人がいるところ、いろいろなトラブルが起こります。

そのなかで、苦手な人や嫌《きら》いな人ができてしまう。また、自分自身も疎《うと》まれたり、嫌《きら》われてしまうことがある。これはどうしようもないことです。

ただ、それを性格《せいかく》や人格《じんかく》という問題としてとらえないほうがいい、というのがぼくの考えです。

「**人間は習慣《しゅうかん》の束である**」

という言葉があります。

人はいろいろな習慣《しゅうかん》をもっていて、その習慣《しゅうかん》がより合わされて束になっているのが人間なんだ、ということです。

「人間はクセの束でもある」

とぼくは思っています。

たくさんのクセをもっていて、それらもまたより合わされて束になっている。

人と人のぶつかり合いとは、それぞれがもっているさまざまなクセや習慣《しゅうかん》のぶつかり合いなのだと思うのです。

人格《じんかく》という決定的なものがあって、それが原因《げんいん》で衝突《しょうとつ》やすれ違《ちが》いが起きているわけではなくて、互《たが》いのクセや習慣《しゅうかん》の違《ちが》いというちょっとした部分でぶつかっているだけ。

ひとりの人間のなかにたくさんあるクセや習慣《しゅうかん》のうち、ひとつ、ふたつが目について気に入らないだけ。

そう考えると、相手を目《め》の敵《かたき》にするほどのことではないといえます。

クセや習慣《しゅうかん》を変えることは、むずかしいことではありません。
行動を変えればいいだけだから。

「本音を言わせてもらえば」ときついことを指摘《してき》してしまうクセをやめるとか、人を怒《おこ》らせてしまったら素直《すなお》にあやまる習慣《しゅうかん》をつけるとか、具体的な行動を変えていく。

1000も2000も一気に直せとなったら面倒《めんどう》ですが、ここここのポイントを直したら人から嫌《きら》われずに済《す》む、もっとつきあいやすいと言われるようになれるのであれば、やりますよね。

そのときどきの出会いのなかで、そうやって自分のもっているクセや習慣《しゅうかん》を直していくといいのです。

「人に合わせる」ことを意識《いしき》してみよう

なぜか友だちが離《はな》れていってしまう人というのは、視野《しや》が狭《せま》いところがあります。自己《じこ》中心的になりやすい。

相手の立場に立って考えるということができなかったり、自分の正当性《せいとうせい》を押《お》しつけがちだったりします。

自分というものをかたくなに守ろうとするのではなくて、**人の気持ちとか要請《ようせい》を受け入れて対応《たいおう》していこうとすることで、人はどんどん変わっていきます。**

相手のことをもっと受け入れるのです。

ゲーテがこんなことを語っています。

「他人を自分に同調させようなどと望むのは、そもそも馬鹿《ばか》げた話だよ」

「性《しょう》に合わない人たちとつきあってこそ、うまくやって行くために自制《じせい》しなければならないし、それを通して、われわれの心の中にあるいろいろちがった側面が刺激《しげき》されて、発展《はってん》し完成するのであって、やがて、誰《だれ》とぶつかってもびくともしないようになるわけだ」

『ゲーテとの対話』（エッカーマン著《ちょ》　山下肇訳《やましたはじめやく》　岩波文庫）

気の合わない人、苦手な人ともうまくやっていく。

こういうことができるようになると、親しい友だちづきあいがうまくいくだけでなく、対人関係全般《ぜんぱん》にわたって、いまよりもっとうまくやることができるようになります。

それは一生使える対人関係力になります。

これから先、きみたちが社会に出て求められるのは、違《ちが》うものの見方、考え方をする仕事相手や仕事仲間とうまくつきあっていく力です。

それができるようになる力を、いまから養っているのです。

第5章

「ノー!」と言わなきゃいけない関係もある

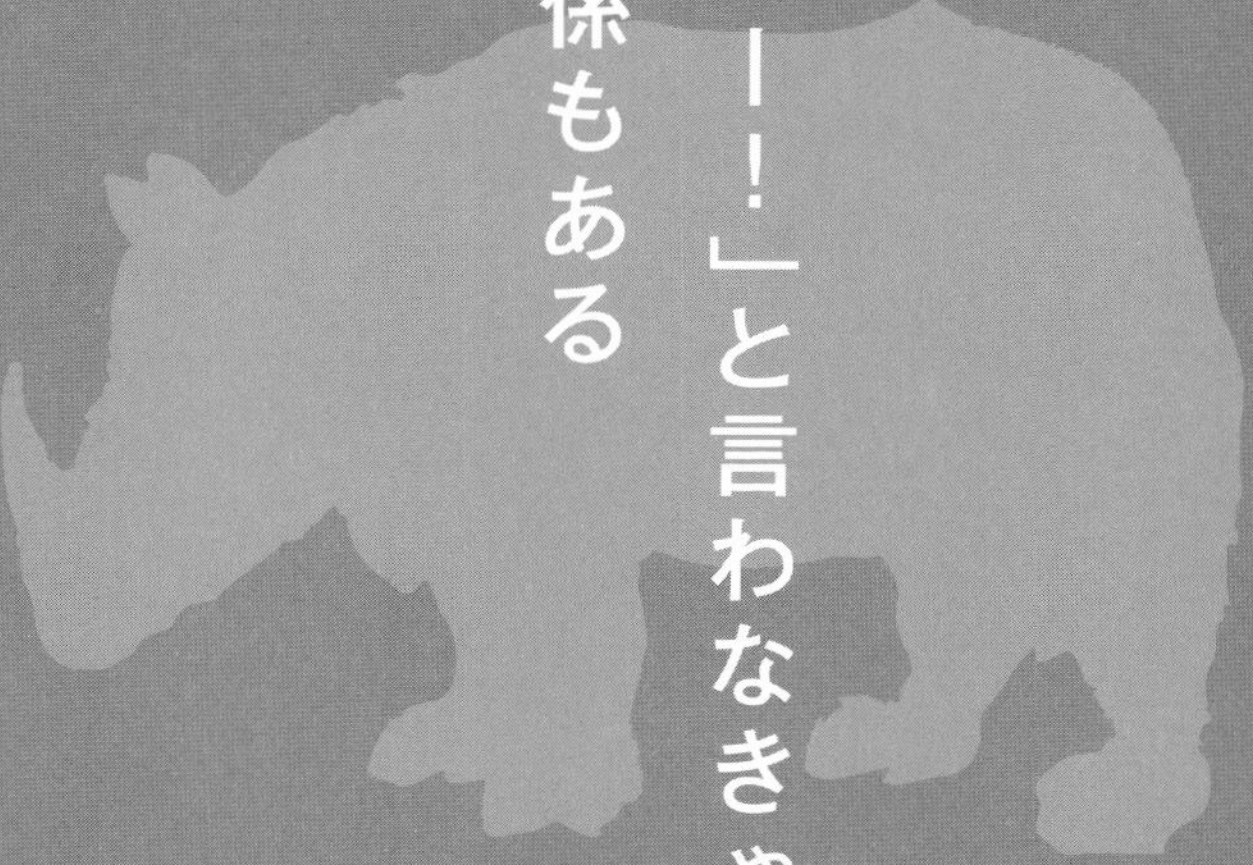

「そんな友だちなら、いなくていいじゃないか！」

小学生向けに『そんな友だちなら、いなくたっていいじゃないか！』（ＰＨＰ研究所）というタイトルの本を出したことがあります。

いじめや暴力行為《ぼうりょくこうい》の低年齢化《ていねんれいか》が進み、以前のように小学生に対して「みんな友だちなんだから、分けへだてせず、だれとでも仲よくしよう」と言っているだけではダメだ、と思ったからです。

「そんな友だち」とは、がんばっていると足を引っぱろうとする、悪口を広めたり、ずるいことをしたりする、まわりの人たちを巻《ま》き込《こ》んで仲間はずれを主導《しゅどう》するなど、**マイナスの影響《えいきょう》を与《あた》える友だち**のことです。

自分を苦しめたり、傷《きず》つけたりしてくる相手と、友だちでいる必要はない。

このことを、早いうちからきちんと知っておいてほしいという思いがありました。

危害《きがい》を加えてくる人というのが、どこにでもいるものなんですね。

最初はそんなふうに思えなかった人が、いつのまにか豹変《ひょうへん》することもあります。

そういう人と、がまんして友だちづきあいしなくてもいいのです。

そんな友だちならいなくていい。

大事なのは、「自分の身を守る」こと。

「ノー！」と言う勇気をもって、距離《きょり》をとるべきなのです。

この章では、それにはどうしたらいいかということを述《の》べていきます。

人をいじめてしまう危険性《きけんせい》を、みんな潜在的《せんざいてき》にもっている

「いじめはよくない」

多くの人がわかっているのですが、いじめはいっこうになくなりません。

なぜでしょうか。

これは人間という生き物のもっているひとつの特性《とくせい》、**集団《しゅうだん》のなかで優位《ゆうい》な立場に立ちたい、**という気持ちから発する攻撃特性《こうげきとくせい》と関係していると考えられています。いじめることで相手が困《こま》ったり苦しんだりする姿《すがた》を見ると、自分の力で支配《しはい》できていると感じて、快感《かいかん》がわく。優越感《ゆうえつかん》がもてるわけですね。気持ちよくなる。もっと優越感《ゆうえつかん》を味わいたいから、もっとやる。

困《こま》ったことに、いじめる人間にとって、やめられない楽しさがあるらしい。

集団《しゅうだん》のなかの競争相手よりも優位《ゆうい》な立場に立てるということは、生存競争《せいぞん》に勝つことを意味しています。生存本能《せいぞんほんのう》のなかに、どうやらこういうメカニズムがあるようなのです。

つまり、**攻撃的《こうげきてき》な資質《ししつ》をもった一部の人だけがやるのではなく、だれもがいじめをしてしまう危険性《きけんせい》を潜在的《せんざいてき》にもっている、**ということです。

この優越感《ゆうえつかん》という快感《かいかん》は、道徳的《どうとくてき》な「いじめは正しいことではない」という認識《にんしき》を吹《ふ》き飛ばしてしまうほど強いものらしいんです。

それで、その快感《かいかん》の誘惑《ゆうわく》に勝てない人は、何かしら理由をつけて、いじめる自分を正当化しようとします。

「あの人はこういうところが悪い。だから自分がそれに気づかせて、罰《ばつ》を与《あた》えてやるのだ」という論理《ろんり》です。

人間にはそういう危険《きけん》な面があります。

しかし、**人としての倫理観《りんりかん》よりも、自分の快感《かいかん》という欲求《よっきゅう》を優先《ゆうせん》させてしまうというのは、人間として弱く、未熟《みじゅく》なのだ**とぼくは思います。

連鎖《れんさ》を止めるためにきみにできること

よく「どの程度《ていど》からいじめになるのか」という議論《ぎろん》がされますが、ぼくは程度《ていど》は関係ないと思っています。

「この程度《ていど》のことは、子ども同士ではよくあること。これをいじめと言うのは、心が弱すぎる」などと言う人もいますが、**どんな程度《ていど》であろうと、どんな理由があろうと、いじめはいけない**。

いじめている例は、よく「ふざけていただけ」と言います。「ふざけ」でいじめられてはたまりません。

だから、みんなで減《へ》らしていく努力や工夫をつづけていかないといけない。

現実問題《げんじつ》として、いじめに抗《あらが》うにはものすごく勇気がいります。

たとえば、クラスで力をもっている人が

「ねえ、あの子ちょっと調子に乗っていると思わない？　みんなで無視《むし》しよう」

と言ったとします。

「イヤだ、やりたくない」「やめようよ」と言えるか。

言ったら、こんどは矛先《ほこさき》が自分のほうに向くかもしれない。

そして自分がターゲットにされ、みんなから無視《むし》される立場になってしまうのではないかという不安から、同調していってしまう。

巻《ま》き込《こ》まれていく人たちも、最初はやりたくてやっているわけではないと思います。

でも、やっているうちにその人たちの脳《のう》も、いじめ行動に快感《かいかん》がわくようになっていくんです。

いつのまにか、笑いながらゲームのようにだれかをいじめるようになってしまう。

これって、自分の心のなかにモンスターを生み出してしまうようなものじゃないかと思います。

モンスターになる要素《ようそ》はだれもがもっている。

だからこそ、**自分のなかのそういう心理に歯止めをかけられる人間になってほしい**、とぼくは願っています。

連鎖《れんさ》を止めるには、一人ひとりが自覚的に行動しなければならない。

「被害者《ひがいしゃ》にならない」だけでなく、**「加害者にならない」**ようにすることも、自分の身を守ることになるんです。

「ひとりになる協調性《きょうちょうせい》」という話をしましたね。（→110ページ）「ひとりでも平気」な力を身につけておくと、いじめの連鎖《れんさ》に歯止めをかける役割《やくわり》が果たせます。

おなかの底、丹田《たんでん》から力がわいて、自分をしっかり保《たも》つための勇気が出ます。「こんどは自分がやられるようになるんじゃないか」という不安よりも強いものが、自分のなかにわいてきます。

それが主体性《しゅたいせい》であり、本当の自意識《じいしき》というものです。

「ひとりでも平気」な力は、きみの「知仁勇《ちじんゆう》（判断力《はんだんりょく》、誠意《せいい》、行動力）」を支《ささ》えるものになるのです。

逃《に》げ道の見つけ方

もしきみがいじめにあい、もうどうしたらいいかわからなくなったなら――。

とにかく逃《に》げよう。

「逃《に》げる」とは、生きのびるための方法、手段《しゅだん》を見つけることです。

きみをおとしめ、痛《いた》めつけるための暴言《ぼうげん》や暴力《ぼうりょく》などを浴びつづけていると、考える力が奪《うば》われます。判断力《はんだんりょく》が失われ、思考停止になっていってしまう。

たとえば、汚《きたな》い言葉を投げかけられ、イヤなことをされつづけていると、そんなことを言われている自分、されている自分をけがらわしく思うようになってしまいます。「こんな自分には価値《かち》はない」「生きていたくない」と思う。

命を絶《た》ってしまうことは、逃《に》げることではありません。生きのびる手段《しゅだん》ではないわけだから。

死んでしまうことは、自分をあきらめるということです。自分の可能性《かのうせい》、自分の夢《ゆめ》、自分の将来、自分の人生……だれかのゆがんだ快感《かいかん》のために、自分をあきらめてしまうのはバカげています。

生きることをあきらめてはダメ。生きていく力を奪《うば》われてはいけない。

ひとりでかかえ込《こ》んではいけません。

いちばんにやってほしいのは、**「親に話す」**ことです。

「いじめを受けていることを親には言えない」という人は多いです。

自分の世界で起きていることを親に伝えることが恥《は》ずかしいという気持ちになるのは、自立心ができてきみが一人前の人間になりつつあるからです。

しかし、**いじめは自分ひとりで解決《かいけつ》できる問題ではないので、強力な味方とタッグを組まなければいけない。**

きみにとっていちばん強力な味方、それは親御《おやご》さんです。

「親に話したら心配する、迷惑《めいわく》をかける」と思っていたとしたら、それは判断力《はんだんりょく》、想像力《そうぞうりょく》が足りない。

わが子に起きていることを知らないまま、子どもに自殺されてしまったら、残された親は居《い》たたまれません。それはいちばんの親不孝《おやふこう》です。

「どうして気づいてやれなかったのだろう」

「どうして何かしてやれなかったのだろう」

と、一生苦しみつづけることになってしまいます。

地獄《じごく》に突《つ》き落とされた気持ちで生きていかないといけなくなるのです。

親に迷惑《めいわく》をかけたくない、苦しめたくないと思うのであれば、相談することです。

そして一緒《いっしょ》に考えていくのです。

親に話すことは、**安心できる居場所《いばしょ》を確保《かくほ》する**ことにもなります。

何も言わずにただ学校に行かず、部屋に引きこもっているのでは、親もわけがわからず、いろいろ口を出したくなるでしょう。

でも、状況《じょうきょう》を知ってもらい、理解《りかい》してもらえたら、とりあえず安心・安全なシェルターを確保《かくほ》できた状態《じょうたい》になります。

しばらく学校を休んでこれからのことを考えていくにしても、担任《たんにん》の先生に親から話をしてもらう、転校を考えるにしても、親の理解《りかい》と協力が必要です。

まずは肉親を味方につけ、家族で対処《たいしょ》していく。自分の将来《しょうらい》に対して、親ほど真剣《しんけん》になってくれる人はいません。

客観判断《はんだん》のできる第三者の人をまじえて

いじめとは関係のない友だち、たとえばＳＮＳ《エスエヌエス》で知り合った遠いところにいる友だちに相談する、という人もいるかもしれませんが、ぼくは、ここは大人の出番だと思っています。

同年代の友だちというのは、どんなにしっかりしているようでも、人生経験《けいけん》の少ない未成年者です。知っていること、経験《けいけん》していることはたいして違《ちが》いはありません。

友だちの言ってくれることは共感しやすいかもしれませんが、社会の理不尽《りふじん》さをよく知っていて、いろいろな視点《してん》からものを見ることのできる大人の知恵《ちえ》にはかなわないと思います。相談は大人にしたほうがいいです。

学校の先生に相談するのも、自分だけで話すのではなく、親に協力してもらったほうがいいと思います。

ただし、それは「どうして気づいてくれないんですか」「どうしてやめさせてくれないんですか」と先生を責《せ》めるためではありません。

困《こま》っている自分の問題を解決《かいけつ》するために、どういう方法が考えられるかを、一緒《いっしょ》に考えてもらうのです。

たとえば、次の学年でいじめグループのメンバーと同じクラスにならないようにできるか、頼《たの》んでみる。学年の途中《とちゅう》では無理ですが、翌年度《よくねんど》でしたら、配慮《はいりょ》してもらえることもあります。

最初から「ダメに決まっている」と思い込《こ》むのではなく、できるかどうかを頼《たの》んでみるのです。

それでできなかったら、別の方法を探《さが》す。

大人は困《こま》ったときにどうするか。

人間関係がこじれ、簡単《かんたん》に解決《かいけつ》できないと思われる場合は、冷静に客観的な判断《はんだん》のできる第三者に入ってもらいます。

具体的には、弁護士《べんごし》に相談したり、警察《けいさつ》に相談したりします。

学校の先生と相談するときにも、スクールカウンセラーや弁護士《べんごし》といった第三者にかかわってもらう、という方法もあります。

事情《じじょう》があって親に相談ができないとか、学校の先生に言ったけれども、どうも理《り》解《かい》してもらえそうにないという場合は、学校の外にいる信頼《しんらい》できる大人を探《さが》します。

信頼《しんらい》できる人かどうかの見極《みきわ》め方としては、「最初に話したその場で、ほっと安心できることを言ってくれるかどうか」というのがあります。

それがすべてではないですが、味方になってくれそうな人は、とにかくすぐに安心できるような言葉を投げかけてくれるものなのです。

地域《ちいき》にある児童相談所をはじめ、相談に応《おう》じてくれる公的な機関があります。

SOSのサインを、いろいろなかたちで出してください。

セイフティネットは必ずあります。

スイッチを切り替《か》え、何かに集中してみよう

もうこの学校にはいられないと思ったら、転校すればいい。

人が怖《こわ》くて、学校に行けそうにないと思ったら、行かなくてもいい。

リセットする方法はあります。

命を絶《た》ってしまったらやり直すことはできませんが、生きていればやり直せるのです。

精神的《せいしんてき》な面での逃《に》げ場として、自分の世界をもつことを勧《すす》めます。

たとえば、**勉強に集中する。**

学力を上げて、いじめる人があまり来ないような学校を目指す。

勉強してさまざまな知識《ちしき》を得、ものごとを幅広《はばひろ》く冷静に考える力が養われると、いじめをするような人はあまりいなくなります。

いじめ行為《こうい》のような卑劣《ひれつ》な方法で優越感《ゆうえつかん》を味わいたいと考える人が少なくなるのです。

それよりは、自分の目標達成、自己実現《じこじつげん》をめざしていく喜びのほうがもっと楽しいことに気づくからです。

あるいは、**やりたいことがあったら、とことんはまり込《こ》んでやってみる。**

好きなことに熱中できる時間は楽しい。心の傷《きず》をいやすにはもってこいです。

いまはオンラインでいろいろ学べるので、そういう利用価値《かち》もありそうです。

ひとりでコツコツやるのもいいですが、人とかかわることを怖《おそ》れるようになり、社会と接点《せってん》をもてなくなってしまうと、それもつらい。

社会から孤立《こりつ》しないかたちで、つながっている場をもっていたほうがいい。

一生懸命《いっしょうけんめい》そこにエネルギーを注いでいれば、そこでの出会いがあり、友だちもできます。だから大丈夫《だいじょうぶ》。

自分にはこれがある、これがあるから生きていける、というくらいになれば、なおいい。

こんなおもしろいことがあるのに、くだらないいじめなんかで人生に絶望《ぜつぼう》しなくてよかった、と思えるようになるはずです。

熱中することで、前向きになれる。

将来《しょうらい》に希望がもてれば、これをもっと究《きわ》めるには、どんな勉強をしたり、どんな技術《ぎじゅつ》をみがいたりすることが必要かと考えられるようになります。

そのためには、いま何をすればいいかも考えられるようになる。

いじめにあったことで、自分の道、自分らしい生き方を見いだすことができ、活《かつ》躍《やく》している人はたくさんいます。

いじめだって、人生のチャンスに転換《てんかん》できるのです。

だから、いじめなんかに心を毒され、支配《しはい》され、人生を台無しにしてはいけません。

「そんな友だちなら、いなくていいじゃないか！」

この言葉を、気持ちをふるい立たせる合い言葉にして、前を向いて歩いていってほしいのです。

第6章

友だちって やっぱりいいものだ！

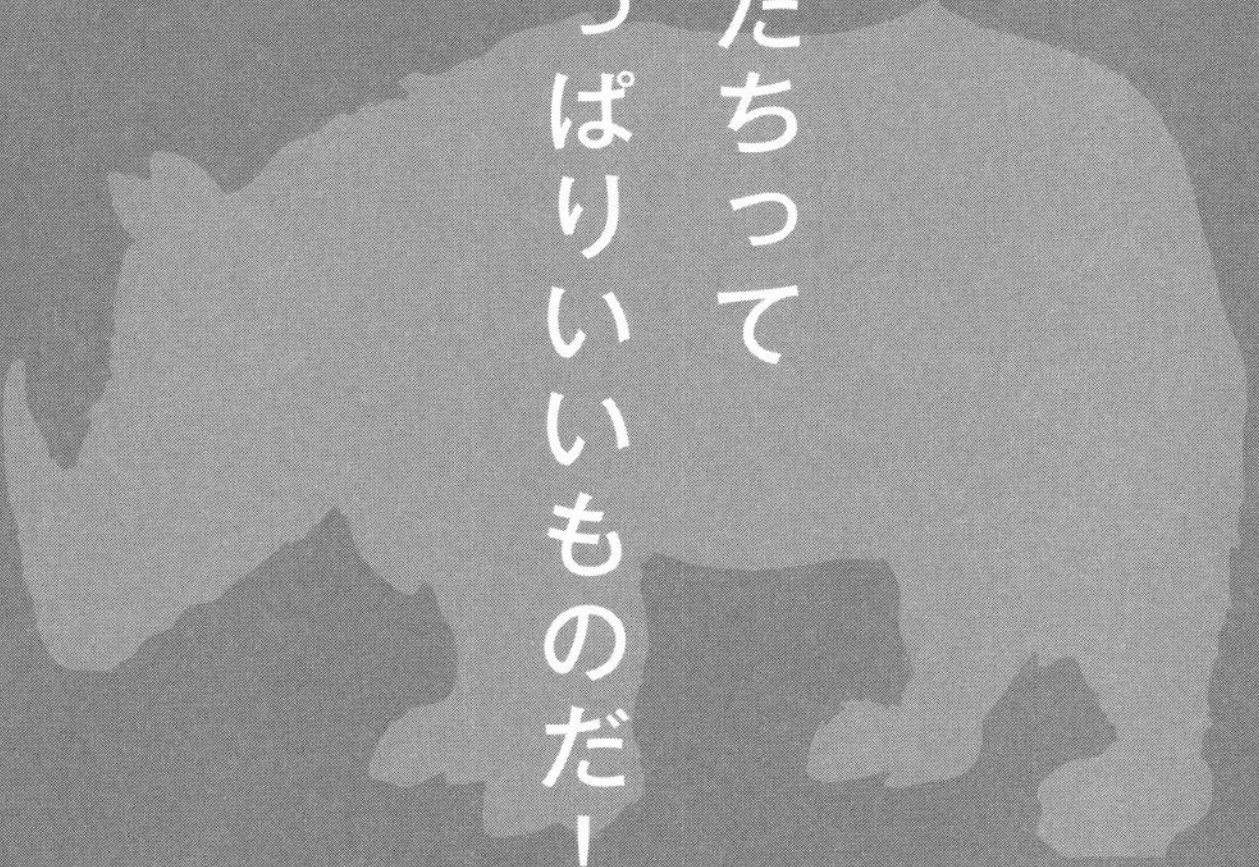

気分をコントロールしてつきあうのが大人の作法

思春期は、「社会」という位置づけのなかで自分をとらえられるようになり、大人のつきあい方へと脱皮《だっぴ》するときです。

今後の自分を形成する基盤《きばん》となる姿勢《しせい》をつくり上げていくとき。子ども時代との最大の違《ちが》いは、**「自分の感情《かんじょう》、気分をコントロールする」**ことです。それができるようになるのが、思春期以降《いこう》なんです。

どんなに親しくなっても、感情《かんじょう》を100パーセントむき出しにしてものを言ったり、ふるまったりしていいものではない、ということです。

哲学者《てつがくしゃ》ニーチェの『ツァラトゥストラ』（手塚富雄訳《てづかとみおやく》　中公文庫）のなかに、ぼくがたいへん好きな言葉があります。

「君は君の友のために、自分をどんなに美しく装《よそお》っても、装《よそお》いすぎるということはないのだ。なぜなら、君は友にとって、超人《ちょうじん》を目ざして飛ぶ一本の矢、憧《あこが》れの熱意であるべきだから」

この「超人《ちょうじん》を目ざして飛ぶ一本の矢、憧《あこが》れの熱意であるべき」というフレーズが大好きで、サインを頼《たの》まれたときなど、これをもじって、

「憧《あこが》れの矢となれ！」

とよく書きます。

この文章の前には、こんなふうに書かれているのです。

「自分を少しもおおい隠《かく》さないということは、相手に不快《ふかい》の念をいだかせる。君たちは、全裸《ぜんら》であることを、つつしみ恐《おそ》れるべきである」

ニーチェは生ぬるい表現《ひょうげん》を嫌《きら》い、その言葉は突《つ》き刺《さ》すように鋭《するど》いのが特徴《とくちょう》です。

そのニーチェが、**素《す》のままの自分を友の前にさらすことは、相手を不快《ふかい》にさせるからやめなさい**、と言っている。

向上心をもって前向きな気持ちで友の前に立つ。

それが美しく装《よそお》うということです。

思ったままを口に出すのは、きちんと衣服を身につけて会話しようとしている相手に対して、ひとり裸《はだか》でわめいているようなことなのです。

若《わか》いころ、ぼくは相手への配慮《はいりょ》のない毒舌《どくぜつ》のせいで友人、知人を失ってしまったと言いましたが、この言葉に触《ふ》れて、ぼくのやっていたこともまさに「自分を少しもおおい隠《かく》さない」未熟《みじゅく》な行為《こうい》だったと、深く反省しました。

自分の気分をコントロールできないのは、社会的な存在《そんざい》である人間としては、未《み》熟《じゅく》でしかないのです。

衣服を身につけ、身ぎれいにして、不快感《ふかいかん》を与《あた》えないようにするのが社会のマナーであるように、**言葉もまた、相手に非礼《ひれい》のないように「整えて」発さなくてはいけない。**

これは大切な社会マナーです。

文字で意思を伝えるソーシャル・メディアでは、とくに気をつける必要があります。

口から出る言葉以上に、**人を傷《きず》つける凶器《きょうき》になりやすい**のです。

面と向かっては言えないようなきつい言葉、ひどい言葉も、指先で打つ文字だと平気で書けてしまう。

ふだんからそういう言葉が飛びかうなかにひたっていると、感覚がマヒしていき、ますます言葉が荒《あ》れていきます。

昭和の時代には、よく

「夜書いた手紙は出すな」

と言ったものでした。

夜、ひとりでいろいろなことを考え、感情《かんじょう》が高ぶった状態《じょうたい》で書いた手紙は、朝になって冷静な気持ちで読み返すと、とても恥《は》ずかしい内容《ないよう》になっていることが多いからです。

ネットでのやりとりは、そのときその瞬間《しゅんかん》の感情《かんじょう》を、そのまま送ってしまうから、とても衝動的《しょうどうてき》になりやすいんです。

ネットで言葉を凶器《きょうき》にしてしまうのも、自分の気分をコントロールできない未《み》熟《じゅく》さが原因《げんいん》です。

すばやく対応《たいおう》しようとするからこそ、日ごろの語彙力《ごいりょく》の貧困《ひんこん》さがあらわれてしまう。

言葉選びは慎重《しんちょう》にしなければなりません。

3つの力は、友だち関係に悩《なや》まなくなる「幸せのトライアングル」

1章で、「友だちづきあいを無敵《むてき》にする3つの力」を提示《ていじ》しました。

①「気の合う友だちをつくる」力
②「気の合わない相手ともうまくつきあう」力
③「ひとりを楽しめる」力

中高生のころは、「気の合う友だちをつくる」ことに意識《いしき》のほとんどが集中しています。

「気の合わない相手」、つまり友だちとして親しくしている人以外に対しては、基《き》本的《ほんてき》に無関心で、かかわりあったらむしろストレスが増《ふ》える、と思っている人が多いんじゃないかと思います。

ですが、一部の友だちのことしか考えていない状態《じょうたい》が、むしろ友だち関係、人間関係を息苦しくしてしまうのです。

実際《じっさい》には、**だれとでもうまくつきあえるほうが、いろいろなかたちでの人間関係にめぐまれ、ストレスも少なくなる**のです。

おだやかになごやかに話ができる人がまわりにいたら、それでいい。

あいさつやちょっとしたひとことふたことでも言葉をかわせる人がいたら、「自分はひとりぼっちだ」というさびしさを感じなくなります。

心のセイフティネットになるのです。

人はつきあってみないとわかりません。合わなそうだと思っていた人が、意外といい友だちに発展《はってん》することはよくあることです。

「気の合う友だちをつくる」には、「好き」という情熱《じょうねつ》を軸《じく》にするといい、ということも、この本を読んでわかってもらえたことと思います。

「好きなもの」への偏愛《へんあい》を通じてできた友だちは、共有している世界があるので、つねに一緒《いっしょ》にいなくても不安になりません。

好きなことだから、没頭《ぼっとう》していると楽しいし、元気がわいてくる。つねに笑顔《えがお》でつきあえます。

「一緒《いっしょ》にいて楽しくて、笑顔《えがお》になれる、元気になれる存在《そんざい》」

という友だちの定義《ていぎ》を、「好きなもの」つながりの友だちはすべて充《み》たします。

「好きなもの」に対する情熱《じょうねつ》、そこに多くの時間とエネルギーを集中投下していることが、きみのなかに自信を生みます。

自分に自信がもてると、自立心もムクムクわいてくる。

いつも友だちの顔色をうかがって、友だちの判断《はんだん》にならって、友だちに頼《たよ》りきるような関係から抜《ぬ》け出そうという気持ちになってくる。

その関係から抜《ぬ》け出したら、友だちが減《へ》ってしまうわけではなくて、自由な関係《かんけい》性《せい》が築《きず》けるようになる、ってことなんです。

「気の合う友だちをつくる」力と、「気の合わない相手ともうまくつきあう」力と、「ひとりを楽しめる」力とがからまり合うと、**まわりの人間関係に翻弄《ほんろう》されずに自立してつきあっていけるようになるための「幸せのトライアングル」ができる**のです。

ひとりが好きなら、友だちはいなくてもいいか？

「自分はひとりでいるのが好き。友だちなんかいらない」

という人は、無理して友だちをつくろうとしなくていいと思います。

ただし、ひとりが平気だからといって、「孤高《ここう》の一匹狼《いっぴきおおかみ》」にならないように気をつけたほうがいいですよ。

友だちなんかいなくてもいいと考えている人は、マイペースで、他人の気持ちを考えない傾向《けいこう》があり、「変わり者」とか「空気が読めない」と言われやすいです。

「べつに、それでかまわない」とマイペースを貫《つらぬ》き、人づきあいの経験値《けいけんち》の乏《とぼ》しいまま大人になってしまうと、社会に出てから何かと不自由するのは自分自身です。**いくらひとりが好きでも、人とおだやかにつきあう能力《のうりょく》は、みがいておくべきです。**

人と交わらずに自分だけの閉《と》じた世界にいると、ものの考え方もだんだん固まってしまいます。

思考や行動がこり固まると、一定の枠内《わくない》に縮《ちぢ》こまってしまいやすいのです。

好きなことをもっと究めたい、何かで上達したい、自分をもっと成長させるには、アドバイスをくれる師匠《ししょう》や先輩《せんぱい》、あるいは切磋琢磨《せっさたくま》しあう仲間といった**刺激《しげき》を与《あた》えてくれる「生身の人間」と触《ふ》れ合うことが大切**です。

外からの刺激《しげき》に自分が揺《ゆ》さぶられることで、可動域《かどういき》が広がる。

柔軟性《じゅうなんせい》をもって、人からの刺激《しげき》をどんどん取り込《こ》んで、揺《ゆ》さぶりを歓迎《かんげい》したほうがいいんです。

だれにもよけいなことを言われないで済《す》む環境《かんきょう》は、一見、安心で安全なようですが、そのぬるま湯に安住していると、自分が「ゆでガエル」になってしまうことにも気づけないことになります。

ひとりが好きでも、人に対して心のシャッターを下ろしてしまってはダメ。

ひとりが好きでも、人の意見を受け入れられるような習慣《しゅうかん》をつけてください。

心をオープンにしておかないと、訪《おとず》れたチャンスも逃《のが》してしまいます。

笑顔《えがお》にしてくれる相手を、きみも笑顔《えがお》にできている？

自分を笑顔《えがお》にしてくれる、元気にしてくれる、それが友だち。

この笑顔《えがお》とは、おもしろいことがあって笑うことではないのは、わかりますよね。

気持ちが明るくなる、励《はげ》まされる、勇気づけられる、そういう意味です。

たとえば、つらいことがあったときに、何を言うでもなく、ただずっととなりにいてくれたのがうれしかった。

離《はな》れていても、声を聞くだけで、あるいはメッセージをもらうだけで、元気づけられる。

心が支《ささ》えられる、前向きに生きていこうという気持ちになれる。

笑顔《えがお》で生きていけるような「プラスのエネルギー」をもたらしてくれるのが、いい友だちだとぼくは思っています。

では、**きみも相手を笑顔《えがお》にさせ、元気にさせてあげられているでしょうか。**

自分が笑顔《えがお》になれる、元気をもらえるだけでなく、相手もそう思ってくれるような存在《そんざい》に自分はなれているのか。

何かをしてもらっているから、見返りとして、こちらからも何かしてあげなくてはいけないというようなことではありません。

「相手のために、何かしてあげられることがうれしい」

「相手に喜んでもらえたら、それがうれしい」


そういう気持ちで、ものごとを考えたり、行動したりできるかどうか。

それが**「相手を大切に思っている」**ということなのです。

「友情《ゆうじょう》」というのは、互《たが》いがそういう気持ちをもちあっている関係を言うのだと思います。


そんな友だち関係だったのが、明治の文豪《ぶんごう》・夏目漱石《なつめそうせき》と、俳人《はいじん》・正岡子規《まさおかしき》です。ふたりは第一高等中学校（現在《げんざい》の東京大学教養学部にあたる）の同級生で、親しくなったきっかけは落語の話をしたこと。ふたりとも寄席《よせ》が好きだったのです。

漱石《そうせき》が英語教師《きょうし》として松山に赴任《ふにん》していたころ、子規《しき》はすでに肺結核《はいけっかく》で療養《りょうよう》の身となっていました。

そんな子規《しき》に漱石《そうせき》は、「俳句《はいく》を始めたいと思うのだが、ひまなときに手ほどきしてくれないか」と手紙を書き送っています。子規《しき》に、好きなこと、得意なことで病のつらさを吹《ふ》き飛ばしてほしいと考えたんですね。子規《しき》は松山にやってきて、漱石《そうせき》の下宿に居候《いそうろう》し、ふたりは文学の話をたくさんして過《す》ごします。

漱石《そうせき》がロンドンに留学《りゅうがく》しているあいだも、手紙をやりとりしています。

子規《しき》は病が進み、床《ゆか》の上で苦しむ毎日。

漱石《そうせき》は、ロンドンでの近況《きんきょう》をユーモアたっぷりに書き送り、子規《しき》はそれを読んで、「きみの手紙は、最近のぼくを楽しませた随一《ずいいち》のものだ」と書いています。

当時の漱石《そうせき》は、「夏目狂《なつめきょう》セリ」とうわさされるようなノイローゼ状態《じょうたい》にあったのですが、病床《びょうしょう》の子規《しき》には明るく楽しげなことを書いて元気づけていたのです。

漱石《そうせき》が『吾輩《わがはい》は猫《ねこ》である』や『坊《ぼ》っちゃん』といった小説を発表したとき、すでに子規《しき》は亡《な》くなっていましたが、滑稽味《こっけいみ》あふれるこれらの小説を発表したのは、子規《し》ゆかりの雑誌《ざっし》「ホトトギス」でした。

こんな友だち関係こそ、親友と呼《よ》ぶにふさわしい関係ではないかと思います。

相手の立場になって考える想像力《そうぞうりょく》

親しくなるにはプロセスがあります。

まったく知らない者同士が、何かのきっかけで言葉を交《か》わすようになる。「この人と話していると楽しいな」と感じ、「また話したい」と思い、会話をする機会が増《ふ》える。

いろいろな話をして、一緒《いっしょ》に過《す》ごす時間をたくさんもって、共感したり、違《ちが》いを知ったりして、距離感《きょりかん》を縮《ちぢ》めていく。

時間の積み重ねのなかで、相手との関係がだんだん熟成《じゅくせい》されていくのです。

漱石《そうせき》と子規《しき》にしても、最初に落語の話で盛《も》り上がってすぐに、「ぼくらは友だちだ」となったわけではなく、つきあいが深まるなかで、相手に対してどうふるまうことが、相手を喜ばせることなのかがどんどんわかっていったのです。

いろいろな出来事により、信頼《しんらい》という結び目がひとつ、またひとつと増《ふ》えていく。

それが、「絆《きずな》ができる」ということではないでしょうか。

良好な人間関係を築《きず》くためには、「想像《そうぞう》できる」ということが必要です。

自分の気持ち、自分の側からの視点《してん》だけで考えるのではなく、「相手の立場からするとどうなんだろうか？」と考える。

これは想像力《そうぞうりょく》なのです。

相手の立場になってみるって、言うのは簡単《かんたん》ですが、実際《じっさい》にできますか？

ある本のなかで、「まさにぴったりだ」という表現《ひょうげん》に出合いました。

「自分で誰《だれ》かの靴《くつ》を履《は》いてみること」

これは中学生が言ったことです。

これが書かれているのは、『ぼくはイエローでホワイトで、ちょっとブルー』（ブレイディみかこ　新潮社《しんちょうしゃ》）という本。

アイルランド人の男性《だんせい》と結婚《けっこん》し、イギリスで暮《く》らすブレイディみかこさんの著書《ちょしょ》で、このタイトルになっている言葉も、日本人と白人の両親のもとに生まれた中学生の息子さんの言葉だそうです。

イギリスは、人種、民族、貧富《ひんぷ》の格差《かくさ》といった問題が、日本よりもはっきりしている環境《かんきょう》。そのなかで、息子さんの友だち関係にもいろいろなことが起こります。

学校で「エンパシー（共感）とは何か」を学んだ息子さんが、両親に言ったのが、「自分で誰《だれ》かの靴《くつ》を履《は》いてみること」という言葉。

「世界中で起きているいろんな混乱《こんらん》を僕《ぼく》らが乗り越《こ》えていくには、自分とは違《ちが》う立場の人々《ひとびと》や、自分とは違《ちが》う意見を持つ人々《ひとびと》の気持ちを想像《そうぞう》してみることが大事なんだって。つまり、他人の靴《くつ》を履《は》いてみること」

すごい名言だな、と思います。

想像力《そうぞうりょく》というと、何かを空想することのイメージがあるかもしれませんが、**実際《じっさい》には見えないことを、頭のなかで結びつけて考えられる力**のことです。

「違《ちが》う立場の他人」や「将来《しょうらい》の自分」と、「いまここにいる自分」とつなげて考え

られるか。

これができる人、想像力《そうぞうりょく》をはたらかせられる人は、相手の立場に立って考えることができるから、人間関係をよくしていくことができるのです。

後悔《こうかい》も、自分の背中《せなか》を押《お》して次に進むパワーにできる

人間はだれしも過《あやま》ちを犯《おか》します。

「どうしてあんなことをしてしまったんだろう」

と後悔《こうかい》が残るようなことが、友だち関係でもあるんじゃないでしょうか。

深く考えずに意地悪をしてしまったこと。

売り言葉に買い言葉のような勢《いきお》いで、けんか別れしてしまったこと。

自分に矛先《ほこさき》が向くのではないかと怖《こわ》くて、いじめに加わってしまったこと。

そうした苦い思いをした経験《けいけん》も、マイナスばかりではありません。

次に似《に》たような状況《じょうきょう》になったときに、**「こんどは、あのときと同じことはくり返さない」という教訓として心に刻《きざ》み込《こ》む**ことで、行動を変えることができるようになります。

大ベストセラーになった『漫画《まんが》 君たちはどう生きるか』（吉野源三郎《よしのげんざぶろう》原作 羽賀《はが》翔一《しょういち》漫画《まんが》 マガジンハウス）のなかに、主人公のコペルくんが友だちを裏切《うらぎ》ってしまうシーンがあります。

雪の日に校庭で遊んでいたコペルくんと仲間たちは、上級生から因縁《いんねん》をつけられることになってしまいます。

そのとき、恐怖《きょうふ》から身がすくんで、仲間を守る行動がとれなかったコペルくん。自分のずるさ、ふがいなさに、激《はげ》しく後悔《こうかい》します。

すると、お母さんが自分の若《わか》いころの失敗談を話してくれます。

長い石段《いしだん》を、大きな荷物を持ったおばあさんが歩いていた。「荷物を持ちましょうか」と言おうと思いながら、結局声をかけられなかったことを、20年以上たってもずっと忘《わす》れられない、という話です。

後悔《こうかい》が、今後の自分の背中《せなか》を何度も押《お》してくれるものになる、だからこの経験《けいけん》を忘《わす》れてはいけない、とお母さんは言うのです。

それが、後悔《こうかい》を無駄《むだ》にしないただひとつの方法なのです。

最初からいつも正しい行動ができる人って、多くないと思うんです。人は過《あやま》ちを犯《おか》すものだから。

でも、「あれはいけなかった」という経験《けいけん》を心にとどめておき、過《あやま》ちを心の糧《かて》として、「次はあんなことは絶対《ぜったい》にしない」と自分を変えていくパワーにするのです。なんの過《あやま》ちもしない人はいません。過《あやま》ちを糧《かて》に、自分の生き方を変えていける人は魅力的《みりょくてき》だとぼくは思います。

最上の友とは？

3章で「犀《さい》の角《つの》のようにただ独《ひと》り歩め」というブッダの言葉を紹介《しょうかい》しました。

ブッダは、ものごとへの執着《しゅうちゃく》から離《はな》れ、単独者《たんどくしゃ》として歩むための心得を説き、40回ほどにわたって

「犀《さい》の角《つの》のようにただ独《ひと》り歩め」

とくり返しています。

そのなかで、一か所だけ異《こと》なる言葉で締《し》めくくられている部分があります。

「もしも汝《なんじ》が、〈賢明《けんめい》で協同し行儀《ぎょうぎ》正しい明敏《めいびん》な同伴者《どうはんしゃ》〉を得たならば、あらゆる危難《きなん》にうち勝ち、こころ喜び、気をおちつかせて、かれとともに歩め」

『ブッダのことば　スッタニパータ』（中村元《なかむらはじめ》訳《やく》　岩波文庫）

ただ孤独《こどく》の道を行けというのではなく、よい友を同伴者《どうはんしゃ》とすることを説いているのです。

「こころ喜び、気をおちつかせて、かれとともに歩め」

と言っているのです。

ブッダが勧《すす》める人生の同伴者《どうはんしゃ》とは、どういう相手だろうか。

ぼくはいろいろ考えてみました。

ぼくの出した結論《けつろん》は、

「互《たが》いを高め合う関係、向上心でつながっている友」

です。

つねに「自分をよりよくしていこう」という積極的な気持ちをもって進んでいる人。

さらなる高みを目指して、前進しつづける姿勢《しせい》をもっている人。

そういう**向上心をもち、お互《たが》いが高め合うために共鳴、共振《きょうしん》することができる関係。**

それが最上の友だと思うのです。

先ほどの夏目漱石《なつめそうせき》と正岡子規《まさおかしき》の関係のように。

ぼくが中学生のときに、先生がしてくれた話があります。それは、友人関係にあるふたりの画家の話でした。

ある日、相手の画家が訪《たず》ねてくる。あいにくその友だちの画家は出かけていた。そこで、部屋にあったキャンバスに、一本の線を描《か》いて帰るのです。

帰ってきた画家はそれを見て、「いないあいだにあいつが来たのか」と気づく。一本の線を見ただけで、だれだかわかるんです。

しかもその線を見て、「ああ、あいつ、こんなにうまくなったんだなあ。自分もがんばらなくては」と発奮《はっぷん》した、という話です。

会わなくても、存在《そんざい》そのものが相手を励《はげ》ますということに、ぼくは感動した記憶《きおく》があります。

いつも一緒《いっしょ》にいる必要はないんです。

いろいろなことを打ち明け、話を聞き合うだけが共感ではないんです。

自分の向上心を刺激《しげき》してくれる仲間がいる、それも大きな喜びです。

そういう心のパワーが増《ま》す相手を見つけられたら、最高に幸せでしょうね。

目指しているものは別々《べつべつ》でもいいわけです。

向上心をもつという点で、志《こころざし》を同じくしているわけですから。

ニーチェは「星の友情《ゆうじょう》」ということを言っています。

星と星は、遠く離《はな》れたところでそれぞれ輝《かがや》いている。

そんな夜空に瞬《またた》く星と星のように、違《ちが》う道を歩んでいても、互《たが》いに認《みと》め合えるような活躍《かつやく》をしようではないか、と言っているのです。

向上心のない人を友にするな、ということを孔子《こうし》も言っています。

向上心でつながる友だちがいることは、生きていくうえでとても心強いことです。

そして、そういう人との交流により、自分が相手に何かしてあげられるという喜びがわいたり、相手から受けた刺激《しげき》でさらに成長できたりする。その相手がいたことで、自分の心も、生き方も豊《ゆた》かになっていくと思える――それが真の友だちというものでしょう。


友だちって、やっぱりいいものですよ。

だから、友だちをつくることを怖《おそ》れないでほしい。

同時に、ひとりになることも恐《おそ》れないでほしい。

きみの人生、舵《かじ》をとるのはきみ自身です。

これからの日々《ひび》、きみたちがいい友だちと出会って、支《ささ》えたり支《ささ》えられたりしていけることを、ぼくは心から願っています。

最後にきみたちにエールを送ります。

「きみよ、憧《あこが》れの矢となれ!」

付録

「心の距離《きょり》」を縮《ちぢ》めるための7つの作法

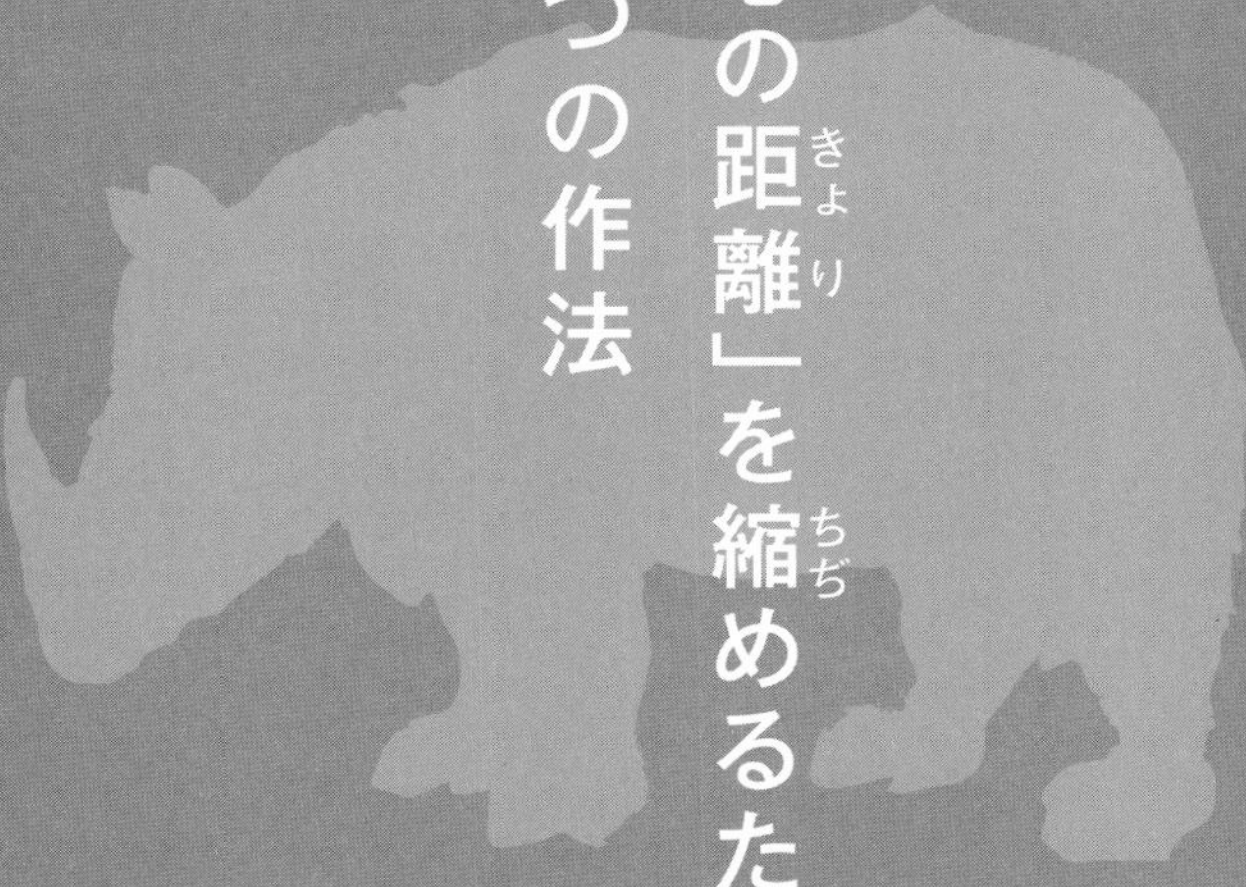

ソーシャル・ディスタンスな時代の「心の距離《きょり》」の縮《ちぢ》め方

「**ソーシャル・ディスタンシング**（social distancing）」

この言葉は、きみたちももう知っているよね。

新型コロナウイルスの感染拡大《かんせんかくだい》を防《ふせ》ぐために、人と「密《みつ》」に接触《せっしょく》しないよう、物理的な距離《きょり》を保《たも》ちましょう、というルール。

最低でも1メートル、できれば2メートルぐらい人と間隔《かんかく》をあけ、感染《かんせん》のリスクを避《さ》ける。

日本では「ソーシャル・ディスタンス」と呼《よ》ばれていることのほうが多いですが、きみたちもいろいろなところで実践《じっせん》してきていると思います。

人間の社会は、さまざまなかたちで人とつながっていることで成り立っています。

緊急事態宣言《きんきゅうじたいせんげん》で外出自粛《じしゅく》が強化されているあいだ、ひとり暮《ぐ》らしの大学生は

「とても不安で、孤独《こどく》だった」

と言っていました。

大学は休講《きゅうこう》で、構内《こうない》に入ることもできず、サークル活動も一切《いっさい》できない。アルバイト先も休業になり、バイトもなくなった。友人とも会えない。帰省もできない。SNS《エスエヌエス》でやりとりする短い言葉だけが、ささやかな人とのかかわり。

「だれとでもいいから、雑談《ざつだん》がしたい。どうでもいいことを話して、笑い合いたい」

と、心底思ったそうです。

社会とのつながりが途切《とぎ》れてしまうことほど、孤独感《こどくかん》を深めることはありません。

新型コロナウイルスとの闘《たたか》いは、長期戦になると見られています。確実《かくじつ》に効果《こうか》のあるワクチンや治療薬《ちりょうやく》が開発され、世界中で広く使われるようになるまでには、しばらく時間がかかります。

それまでのあいだにも、また感染《かんせん》の再流行《さいりゅうこう》が起きる可能性《かのうせい》がありますから、今後も、活動制限《せいげん》や自粛要請《じしゅくようせい》といったことが、始まったり解除《かいじょ》されたり断続的《だんぞくてき》に行われるでしょう。

ソーシャル・ディスタンシングは、これからもつづくのです。

学校が再開《さいかい》されても、以前のような「密《みつ》」な机《つくえ》の並《なら》びではなかったでしょう?

マスクも外せない。

友だちとの距離《きょり》をいつも気にしていなければならない。

接近《せっきん》できないからこそ、「心の距離《きょり》」は縮《ちぢ》めたいですよね。

かかわる相手と「心の距離《きょり》」を縮《ちぢ》める工夫が必要になります。

あるいは、オンラインでコミュニケーションをとるとき、どうもうまく話せないという人もいると思います。

もっと明るくみんなと話したいのに、なぜか顔がこわばってしまうし、楽しく話ができない。

オンラインで対話するというのは、簡単《かんたん》にいえば**「みんなが『モニターに映《うつ》る人』になった」**ということです。

ぼくはテレビ番組に出演《しゅつえん》することもあるのでわかるのですが、テレビ映《うつ》りのよさというのは、見た目の印象だけではないんです。声の出し方、自分に話を振《ふ》られたときの反応《はんのう》、話し方にコツがあります。

慣《な》れれば、だれでもできることなんですけどね。

人気のあるYouTuber《ユーチューバー》も、コンテンツとしてみんなが喜ぶことは何かというのをよくわかっているだけではなくて、人を惹《ひ》きつける話し方、表現《ひょうげん》の仕方を心得ているんだと思います。

きみたちがオンラインでビデオ通話などをするときも、話し方のポイントをきちんと押《お》さえることが大事なんです。

それができると、印象が変わります。

いまのうちにコツを身につけておいたら、一生ずっと対人コミュニケーションに自信がもてるようになりますよ。

親しくなりたい人と「心の距離《きょり》」を縮《ちぢ》めるための7つの作法をお教えしましょう。

7つの作法

1　声は大きくはっきりと

声はからだから出ます。
声は、その人のエネルギー量をあらわしているんです。
どんなにいいことを言っていても、小声でぼそぼそ話したのでは伝わりません。
テレビ収録《しゅうろく》では、みなさんすごく声を張《は》っています。
マイクをつけていますから、小さな声でも聞こえるんですよ。でも、小さな声で話していると、覇気《はき》がない。イキイキとしたエネルギーが感じられない姿《すがた》として映《うつ》ってしまうんです。

声の勢《いきお》いというものがある。声に勢《いきお》いのある人は、存在感《そんざいかん》が出ます。それをみなさんよくわかっているから、声を張《は》るのです。

特別なことをしなくても、**呼吸《こきゅう》を深くして、はっきり話す**ことを意識《いしき》して習慣《しゅうかん》づければ、できるようになっていきます。

2 動きも大きめに。「テンション1・5倍増《ま》し」を意識《いしき》しよう

マスクごしの対面の会話でも、オンラインでもそうですが、表情《ひょうじょう》が見えにくいので、少し**オーバーアクションに見えるくらいの動作をしたほうが伝わりやすい**です。

たとえば、並《なら》んで歩きながら話していたりするときは、うなずくときにいちいち首を動かしませんね。小さく「うん」「へえ」とつぶやくだけでも伝わります。

でもマスクをつけていたら、それではわからない。

オンラインの映像《えいぞう》でもよく伝わらない。

しっかり頭を動かして、大きくうなずく動作をしたほうがいいのです。


話すときに身ぶり手ぶりをまじえることは、相手に「伝えたい」という気持ちのあらわれです。

ぼくがよく学生に言っているのは、

「イタリア人になったつもりで話してみよう」

ということ。

イタリア語講座《こうざ》などを見ていると、イタリア人というのは手の動きが大きくて、非常《ひじょう》に表現力《ひょうげんりょく》が豊《ゆた》かです。

自分にイタリア人気質《きしつ》を注入したような気持ちで、ふだんのテンションの「1・5倍増《ま》し」くらいで表現《ひょうげん》するといいんです。

そうすると、声も、陽気さもきっと「1・5倍増《ま》し」になります。

3 「目を見る」「ほほえむ」「うなずく」「相づちを打つ」で好感度を上げよう

「相手の目を見る」
「軽くほほえむ」
「はっきりうなずく」
「相づちを打つ」

——これは**気持ちのいい会話の基本《きほん》姿勢《しせい》**です。

まず、話す相手の目をきちんと見る。

相手が話しているときにも、その人の目を見る。

オンライン授業《じゅぎょう》であまりニコニコしていると、先生から不審《ふしん》がられてしまいます。

笑顔《えがお》のかげんは時と場合によりますが、基本的《きほんてき》に対話の場合は、軽くほほえんで柔《やわ》らかな表情《ひょうじょう》をキープしてください。

そして、話を聞きながら、ときどきうなずいたり、相づちを打ったりする。

うなずきは、先ほど言ったように、しっかりと動作をつけることです。

相づちには、共感を伝えることで、話を盛《も》り上げる効果《こうか》があります。

「へえ」「ふ〜ん」「そうなんだ」「なるほど」「ああ、わかる」「たしかに」「同感」「すごい」「さすが」……。

いい間合いで相づちを打ってもらえると、話し手は話しやすくなり、会話がはずみます。

餅《もち》つきのときに、水をつける人のことを「合いの手」といいます。うまく手水をつけてもらえると、つき手はいっそう気持ちよく餅《もち》をつくことができる。あれと同じです。

これらはすべて**意識《いしき》のやりとり**なんですね。

相手の目を見るということは、

「あなたに話しかけているんですよ」

「あなたの言葉を受けとめていますよ」

という意思表示《ひょうじ》の行為《こうい》。

うなずきや相づちがあることで、

「ああ、話を聞いてもらえている。通じている」

と安心感がある。

会話の内容《ないよう》だけでなく、視線《しせん》や表情《ひょうじょう》やしぐさなど非言語《ひげんご》のかたちで、相手と何重にも意識《いしき》をやりとりしているわけです。

だから、**「気持ちのいい会話ができた」という気持ちになって、相手に親近感がわく**のです。


思春期まっさかりの中高生は、人と目を合わせるのが気恥《きは》ずかしくてできないという人が多いですが、これは慣《な》れの問題です。

早いうちに練習して乗り越《こ》えてしまったほうが、あとがラクです。

4 あいさつは自分から。つづけてもうひと声がポイント

あいさつは、相手と良好な関係を築《きず》くための基本《きほん》。

「わたしは、あなたの敵《てき》ではありません」

ということを知ってもらうためのものです。

ですから、もっと親しくなりたい、心の距離《きょり》を近づけたいと思うなら、**自分のほうから声をかけて、心のとびらを開いていることをわかってもらったほうがいいの**です。

ここでも、**声の勢《いきお》いが大事**です。スパっと声を出しましょう。

声をかけたのに無視《むし》されるというのはイヤですよね。でも、実際《じっさい》は無視《むし》したわけ

ではなくて、ただ聞こえていなかっただけかもしれません。

小声だと、相手に聞こえないというリスクが高くなります。そのリスクを避《さ》けるためにも、声はハッキリしているほうがいい。

「○○さん、おはよう！」

と相手の名前を呼《よ》んであいさつすれば、より確実《かくじつ》に伝わります。


さらに大事なのが、その先。

あいさつだけで終わらせるのではなくて、もうひと声かけるのです。

最初はあたりさわりのないことでいいのです。

何を話したらいいかわからなくて困《こま》ったら、天気の話をするのが無難《ぶなん》です。

天候の話は、だれかを傷《きず》つけることがなく、単純《たんじゅん》にだれでも共感しやすいからです。

あいさつの直後に、個人的《こじんてき》な立ち入った話題を出すのは危険《きけん》です。

まずは「気持ちよく話せる相手だ」と思ってもらえなければ、距離《きょり》は縮《ちぢ》まりません。

とくに親しくなる前は、個人的《こじんてき》なことに踏《ふ》み込《こ》みすぎないように気をつけましょう。誤《あやま》って「地雷《じらい》」を踏《ふ》んでしまったら、挽回《ばんかい》するのはむずかしいです。

天候以外では、いま流行《はや》っているものについて、食べ物の話題、地元の街のプチ情報《じょうほう》、そのとき互《たが》いの視界《しかい》に見えているものなど、共通の話題になりそうな軽めの話がいいと思います。

共感、共鳴ポイントを見つけられると、そこから話が広がりやすくなります。

5　握手《あくしゅ》はできなくても拍手《はくしゅ》はできる。アクションで盛《も》り上げよう

うなずきや相づちも共感の意思表示《ひょうじ》ですが、さらにおすすめなのが拍手《はくしゅ》です。

拍手《はくしゅ》は共感や賛同《さんどう》にもなりますし、喝采《かっさい》にも応援《おうえん》にもなります。感謝《かんしゃ》の表現《ひょうげん》にも

なります。

拍手《はくしゅ》は世界共通の非言語《ひげんご》コミュニケーションです。

コロナウイルス感染者《かんせんしゃ》を救うために、医療《いりょう》の現場《げんば》で働いてくれている人たちに感《かん》謝《しゃ》の拍手《はくしゅ》を送ろう、というムーブメントがイギリスから始まり、各国に広がりました。

決まった時間に、窓《まど》から、バルコニーから、屋上から、感謝《かんしゃ》と応援《おうえん》の拍手《はくしゅ》を送る。

日本でもやっていたところがありました。

オンラインでも、だれかがいいことを言ったら、「いいね！」と拍手《はくしゅ》するんです。

拍手《はくしゅ》の音はよく聞こえないかもしれませんが、拍手《はくしゅ》をしていることは映像《えいぞう》でちゃんと伝わります。

からだをかかわらせて反応《はんのう》しているところに意味があるのです。

拍手《はくしゅ》に限《かぎ》らず、ぼくがここで紹介《しょうかい》している7つの作法は、どれも「からだで反応《はんのう》する」ことです。

反応《はんのう》や応答《おうとう》は、「レスポンス」とも言われます。

レスポンスのいい人は一緒《いっしょ》にいて気持ちがいい。

「感じのいい人」になれるんです。

好感度が上がる。

「心の距離《きょり》」を縮《ちぢ》めるには、**人に対して細やかに反応《はんのう》できることがすごく大切**なのです。

親しみを表現《ひょうげん》するときに、海外では必ず握手《あくしゅ》をし、ハグをします。

コロナの感染防止《かんせんぼうし》のために接触《せっしょく》を避《さ》けるようになったら、代わりにひじとひじを合わせるあいさつをするようになりましたね。あれも、からだをかかわらせたレスポンスです。

握手《あくしゅ》の代わりに「ひじタッチ」するサッカー選手（2020年3月、フランス）

何かができなくなっても、すぐに代わりにできることを考え出せるのが人間のいいところ。

あのあいさつを取り入れてみるのもいいんじゃないかな。

意気投合したら、ひじとひじを合わせて喜びあう。

「またね」のあいさつでもいいかもしれません。

さらに、自分たちだけのあいさつ用のアクションをつくれたら、仲間で盛《も》り上がれると思います。

6　リズムを合わせ、息を合わせて一体感を味わおう

「心の距離《きょり》」を縮《ちぢ》める**最高のレスポンスが、人と息を合わせること。**

一緒《いっしょ》にダンスをしたり、歌ったり、楽器の演奏《えんそう》をしたりすると、一体感がわきます。からだのリズムを合わせ、息を合わせているからです。

きみたちも経験《けいけん》があるでしょうが、ダンスでも楽器の演奏《えんそう》でも、最初はそれぞれがバラバラです。練習を重ねるにつれて、だんだん息が合ってきます。

息がバッチリ合うと、爽快感《そうかいかん》もあり、「最高の仲間だなあ」と感激《かんげき》する。

ほかの人と呼吸《こきゅう》を合わせて一体感を味わえると、大きな喜びがわきます。

バドミントンや卓球《たっきゅう》のようにペアを組んで戦うスポーツも、息を合わせることが必要です。

同じテンポで同じ動きをするわけではないけれど、ペア同士の呼吸《こきゅう》が合わないと、ミス連発になってしまいます。

サッカーやバレーボールなどのチームプレイをするスポーツも、パスの息が合っていないとうまくいかない。

漫才《まんざい》やコントも、息が合っているとテンポがよくておもしろい。

「息が合う」「呼吸《こきゅう》が合う」という言葉は、調子をそろえるときのたとえのように使われることが多いですが、実際《じっさい》に呼吸《こきゅう》のリズムを合わせることでもあるんです。

そして、これができるようになると、**人と一緒《いっしょ》に何かをやるための間合いの取り方がうまくなります。**

なんの道具も技術《ぎじゅつ》も必要としないで体感できるのが、「歩く」ことです。

家族でも友だちでもいい、だれかと一緒《いっしょ》に歩いてみてください。

同じペースで歩くためには、相手の歩幅《ほはば》やスピードを感じとって、相手と合わせなくてはなりません。

相手の吸《す》う息、吐《は》く息を感じて、その呼吸《こきゅう》のリズムに合わせるようにすると、足並《あしな》みがそろって、心地《ここち》よい一体感が出てきます。

このとき、相手に合わせようとしすぎると、自分のペースを失って苦しくなったり、イライラしたりしてしまいます。

自分のテンポはもちながらも、他者のテンポに合わせることが大事。

つまり、相手の息を感じながら反応《はんのう》していくんです。

「相手の息を感じる力、息を合わせる力」

どうやったらこれができるのかをからだで知っておくと、これからいろいろなところで役に立ちます。

息を合わせることができることは、「気を合わせる」ための大事な要素《ようそ》です。

「気が合うかどうかなんて、相性《あいしょう》の問題、それぞれの性格《せいかく》の問題であって、どうにかできるものじゃないのでしょ」

きみはこんなふうに思っていませんか？

もちろん性格《せいかく》もまったく関係ないわけではありませんが、人と息を合わせられると、気を合わせることもできるようになります。

気の合わない人を減《へ》らせるんです。最強じゃありませんか。

7　言葉を凶器《きょうき》にしないこと

おもしろいことを言ってみんなを笑わせることのできる人は、人気者になります。

場をほがらかにするために笑いを取ろうとする姿勢《しせい》をぼくは評価《ひょうか》しますが、**人を傷《きず》つけるかたちでやってはいけない。**

笑いが欲《ほ》しいからといって、人のコンプレックスや身体的な特徴《とくちょう》などをからかうようなことは、言うのものもやるのもダメです。

「いじり」はいじめとは違《ちが》うという考え方もあるようですが、言われた人ががまんして犠牲《ぎせい》になることでメリットがあるのは、笑ってもらうことを仕事としているお笑い芸人さんだけです。

これはしっかりと心に刻《きざ》んでおいてほしいことです。

「これを言ったら、相手はどう思うだろうか？」

と考えるクセをつけてください。

「もし自分がその立場だったら？　気にしていることをからかわれ、笑いのネタにされたらどういう気分か？」

と考えてみれば気づくと思います。

言葉のもたらす毒性《どくせい》、人を傷《きず》つける危険性《きけんせい》を考えられない人は、「自分に置きかえてみる」想像力《そうぞうりょく》が足りないのです。

10代のころは、思っていることをそのままズケズケ言ってしまいやすいところもあります。

「前から思っていたんだけど、服のセンス悪すぎ」

「その性格《せいかく》、直したほうがいい」

こんな言い方をしていませんか。

「えっ、本当のことを正直に言って、何が悪いの？」

と思ったきみ、要注意です。

正直に言うことが悪いのではなく、ものの言い方が悪い。正直な意見なら、人を不愉快《ふゆかい》にさせること、傷《きず》つけることを言っていいということにはなりません。

「ものも言いようで角が立つ」ということわざがあります。

失礼な言い方をしないようにする練習が必要。

ズケズケ言ってしまうことで得することなんか何もないんです。

では、どうしたら直せるか。

この人ともっと「心の距離《きょり》」を縮《ちぢ》めるためには、どういう言い方をしたらいいか、と考えてみることです。

親しくなりたい相手には、失礼なことは言わないものです。

思ったことをすぐ口に出してしまう人でも、言葉の選択《せんたく》を少しは考え、失礼でない言い方を考えます。

ふだんから、つねにそういう配慮《はいりょ》をして、言葉を口にするようにするといいのです。

言葉は、人を励《はげ》ましたり勇気づけたりする力をもっています。

でも、まちがった使い方をすると、凶器《きょうき》にもなってしまいます。

無造作《むぞうさ》にものを言い、凶器《きょうき》を振《ふ》りまわしてしまうようなクセは、できるだけ早く直すべきです。

性格《せいかく》のせいにしない、行動で変えていく

うまくできないことを、「性格《せいかく》のせい」と思い込《こ》んでいる人、けっこう多いです。

「あいさつが大事なのはわかっているんですが、内気な性格《せいかく》で声かけしようと思っても勇気が出ないんです」

こう言う人がいますが、あいさつに性格《せいかく》はあまり関係ありません。

あいさつは、「反応《はんのう》」です。

できないのは、**からだの反応力《はんのうりょく》が鈍《にぶ》っているから**です。

たとえば、アルバイト先で接客対応《せっきゃくたいおう》の練習をして、毎日お客さんに向かって、「いらっしゃいませ」と笑顔《えがお》で言うようになると、ふだんの生活でもすっとあいさつできるからだになります。

反応《はんのう》する力を取り戻《もど》せば、性格《せいかく》が変わったわけでなくても、苦にせずできるようになります。

タレントさんやお笑い芸人さんのなかには、

「もともと性格《せいかく》は引っ込《こ》み思案で、人と話すのが苦手」

「人見知りな性格《せいかく》で、根はものすごく暗いです」

と言う人がけっこういます。

それなのにどうして華《はな》やかなステージに立って活躍《かつやく》できているかといえば、人前でおもしろい話をしたり、人を笑わせたりする技術《ぎじゅつ》・技能《ぎのう》をみがくことをがんばってきたからです。

性格《せいかく》を変えて別の人間になろうとしたわけではなく、**「芸」や「技《わざ》」をしっかり身につけることで、もとの性格《せいかく》がどうかなんて関係なくなってしまうようになる**のです。

うまくいかないことの原因《げんいん》を性格《せいかく》のせいにするのはやめましょう。

性格《せいかく》だと考えると、

「性格《せいかく》だから変えられないよなあ……」

と思ってしまいやすいのです。

「自分にはその技術《ぎじゅつ》が足りないだけ」

と思えばいいんです。

技術《ぎじゅつ》、スキルは練習すれば身につきます。みがけば光る。

いつもの「行動」を変えることで、人は変わっていくことができます。

「心の距離《きょり》」を縮《ちぢ》めるための7つの作法は、どれも具体的な行動です。

やるか、やらないか。

やらなければ身につかない。

やれば変わっていける。

仲よくなりたい人とうまくつきあえるようになる人が増《ふ》えることを、ぼくは願っています。

おわりに

2020年春、新型コロナウイルスの世界的なパンデミック（感染爆発《かんせんばくはつ》）により、平穏《へいおん》な日常《にちじょう》生活が一気にストップしました。

学校は3か月近くにわたり休校。

卒業式、入学式、その他さまざまな行事や活動が中止されました。

部活動にも影響《えいきょう》がおよび、目標にしていた大会が開催《かいさい》中止となって、大きなショックを受けた人たちもたくさんいると思います。

不安になること、意気《いき》消沈《しょうちん》することの連続だったかもしれませんが、若《わか》いきみたち、**どうか希望を失わないでください**。

努力したって無駄《むだ》になるんだと、**あきらめないでください**。

いろいろ考えたところでどうにもならないんだと、**思考停止しないでください**。

こんな病気が広まらないほうがいいのは、当然のことです。大切な人の命も奪《うば》った、青春の思い出となる大切な行事や活動も奪《うば》った憎《にく》いコロナウイルスですが、どんな出来事も、100パーセント悪い面だけしかない、ということはありません。

コロナにしてもそうで、これによって世界中が揺《ゆ》さぶられ、現状《げんじょう》のなかで何ができるか、よりよい方法を探《さが》すための変化も起きたのです。

「ソーシャル・ディスタンシング」といったら、何のために何をすることかを、世界中の人が知るようになった。

思想や宗教《しゅうきょう》、文化の異《こと》なる世界中の人たちが、同じ行動規範《きはん》を守ろうとするようになったのはかなり画期的なことです。

オンラインで、人に会ったり、勉強したり、仕事をしたりするという認識《にんしき》も、一気に進みました。

これからは、さまざまな場面で「直接《ちょくせつ》行くか」「オンラインでもいいか」という選択《せんたく》を、それぞれが独自《どくじ》にするようになる時代が来る、ということです。

学校に行って勉強するのか、それともオンラインで学ぶのか。

会いたい人に直接《ちょくせつ》会いに行くのか、オンラインで顔を見て話せればいいのか。

人生の選択肢《せんたくし》がより増《ふ》えます。

それによって、拓《ひら》けてくる将来《しょうらい》も変わってきます。

これからの時代を生きていくうえで重要になるのは「主体性《しゅたいせい》をもつ」ことです。

だれかからの指示《しじ》待ちではなく、自分で考えて動けるか。

一人ひとりの能動性《のうどうせい》や自主性《じしゅせい》が問われます。

主体性《しゅたいせい》の根幹《こんかん》にあるのが、「ひとりになる勇気」だとぼくは思っています。

ひとりになることを怖《おそ》れない心、ひとりを楽しめる心は、人とうまくつながるための大切な要素《ようそ》であると同時に、主体的な生き方の軸《じく》なのです。

コロナは世界的なネガティブ状況《じょうきょう》をもたらしました。

しかし、この事態《じたい》が生んだ「これまでとは違《ちが》うこと」を前向きに受け入れ、そこに適応《てきおう》し、変化を味方につけられるようになってください。

不条理《ふじょうり》が生んだこのピンチを、どうか主体的に乗り越《こ》えていってください。

きみたちは若《わか》くて、頭も柔軟《じゅうなん》です。

心もやわらかくして、「よりよい自分」と「よりよい世の中」を目指して、力強く生きていってほしいと願っています。

2020年7月

齋藤《さいとう》 孝《たかし》

装丁画　©羽賀翔一／コルク
装　丁　菊池 祐
本文デザイン　荒木香樹
構　成　阿部久美子

齋藤 孝（さいとう・たかし）
1960年静岡県生まれ。明治大学文学部教授。東京大学法学部卒。専門は教育学、身体論、コミュニケーション技法。『身体感覚を取り戻す』（NHK出版）で新潮学芸賞受賞。『声に出して読みたい日本語』（草思社）で毎日出版文化賞特別賞を受賞。『語彙力こそが教養である』（KADOKAWA）、『大人の語彙力ノート』（SBクリエイティブ）などベストセラーも多数。著書発行部数は1000万部を超える。NHK Eテレ「にほんごであそぼ」総合指導。

友《とも》だちってなんだろう？
ひとりになる勇気《ゆうき》、人《ひと》とつながる力《ちから》

2020年8月17日　発　行　　NDC370

著　者　齋藤《さいとう》 孝《たかし》
発行者　小川雄一
発行所　株式会社 誠文堂新光社
〒113-0033 東京都文京区本郷3-3-11
［編集］電話 03-5800-5753
［販売］電話 03-5800-5780
https://www.seibundo-shinkosha.net/
印刷所　星野精版印刷 株式会社
製本所　和光堂 株式会社

ISBN978-4-416-52092-5